세상을 바꾸는
1박2일
사상여행

思想운동 시리즈 ❶

세상을 바꾸는
1박2일
사상여행

이정훈 지음

참진보를 위한 사상론

모래위에 쌓은 성인가
사상위에 쌓은 성인가

도서
출판 통일시대

지은이
이정훈

서울출생
1985년 고려대 삼민투 위원장
85년 서울 미문화원 점거농성 대표
오산노동자회관 부대표
영국 런던대 아시아 태평양 지역학 석사
민주노동당 중앙위원
통합진보당 중앙당 교육위원
민플러스 편집기획위원
통일시대연구원 부원장
통일시대연구원 연구위원

세상을 바꾸는
1박2일 사상여행

초판 1쇄 발행 2022년 11월 10일

지은이   이정훈
펴낸곳   도서출판 통일시대
주소   서울시 종로구 통일로 162
           덕산빌딩 502호(교남동)
전화   02-735-4270
팩스   02-735-4271
이메일   427era@gmail.com
ISBN   979-11-980466-0-4   03300
값 15,000원

| 들어가며 | **인생과 진보를 위한 사상론**

사람은 '**사상적 존재**'입니다. 사람이 사상적 존재임에도 살아가면서 사상이 무엇인지, 자신의 사상이 무엇인지, 사상이 자기 인생에 어떤 영향을 미치는지 잘 모른다면 그것은 인생의 불행입니다. 사람들은 사상을 두려워하고 사상이 정치적이라 여길 뿐, 정작 사상이 자신의 인생과 운명을 결정하고 사람의 성격, 정서 그리고 사람의 그릇 크기마저 바꾼다는 사실에 대해서는 무감합니다.

사람들의 흔한 오해는 사상을 주로 지식으로 생각하는 것입니다. 사상은 지식이라기보다 마음속 욕망, 감정, 열정 또는 반대로 무기력의 원천입니다. 사상은 정치적인 것에 앞서 생활적이고 일상적인 것입니다. 나의 사상은 심장처럼 매일 매순간 뜁니다. 사람들이 심장을 의식하지 않듯 사상을 의식하지 않습니다. 그러나 사상은 한 사람의 인생을 추동하는 동력이며 인생을 줄이고 짜서 집약하면 남는 것이 바로 그 사람의 사상이라 할 수 있습니다.

이 글은 학교가 가르쳐 주지 않는 일하는 사람들을 위한 '참사상' 이야기입니다. 1부에서는 사상이 사람들의 인생에 미치는 거대한 영향과 인생을 참되게 잘 산다는 것이 무엇인가에 대해 이야기합니다. 2부에서는 진보의 사상사업이 무엇이며 그 혁신의 필요성을 이야기합니다.

한국에서 정치적 군사독재는 사라졌지만, 아직도 악법 국가보안법이 사상의 자유를 유린하는 후진적 사상탄압의 나라입니다. 그것이 사람들이 사상을 두려워하는 이유이며 학교도 사상을 제대로 교육할 수 없는 이유입니다. 이렇게 전근대적 사상탄압이 아직도 유지되는 선진국은 없습니다. 아니 후진국조차 이러한 사상탄압은 하지 않습니다.

한국사회 전체가 전후 분단체제와 국가보안법의 사상탄압에 짓눌려 일하는 사람들을 위한 참사상이 무엇인지, 사상의 자유를 누리는 것이 무엇인지 잘 상상하지 못합니다. 이는 한국진보도 마찬가지입니다. 그것이 어떠한 사상이든 다양한 사상을 학술적으로 정치적으로 합법적으로 논하는 것 자체가 두려운 환경에서 진보사상은 흐르지도 자랄 수도 없습니다.

한국진보정치 정체의 근본문제는 정치노선이나 정책의 문제보다, 이러한 환경을 극복하기 위한 주도적 노력, 즉 사상운동과 사상사업의 부실에 있다고 봅니다. 진보가 사상사업에 둔감하며 이를 두려워한다면 사상사업의 기회주의는 소리 없이 자라며, 이는 미국과 서구의 사이비 진보철학과 사상의 추종과 유행을 낳습니다. 동시에 근로대중을 위한 참사상에 대한 기피와 무지를 낳고, 그것은 정당운동, 대중운동, 언론운동 그리고 통일운동의 저변을 약화시킵니다.

한국진보에게 사상운동이란 말조차 그리 익숙하지 않습니다. 사상운동은 '사상관점'을 바로 정립하여 사상사업을 제대로 하는 **'사상사업 정상화 운동', '사상혁신 운동'**입니다. 사상운동을 이야기하면 주로 학습과 사상교육을 강화하자는 것으로 생각하는데, 그것은 사상운동의 제한된 일부입니다. 사상운동의 폭은 생각보다 다양하고 넓습니다. 사상운동의 본질은 모든 문제를 사상적 존재인 사람의 본성에 맞게 사상을 발동하여 풀어가는 철학적 원리에 있습니다.

사람이 **'사상적 존재'**라는 것은 맑스주의를 계승한 현대철학의 혁신적인 '사람중심 사상론'입니다. 사상은 이데올로기나 지식만을 의미하지 않습니다. 사람의 사상(의식)은 지식을 넘어서 자각, 의욕, 욕망, 감정, 의지를 형성하는 인간의식의 핵입니다. 사상의식은 사람의 모든 활동을 규제합니다. 사람의 모든 활동은 사상의식이라는 핵을 통해 계획되고 판단되고 작동합니다. 즉 사상이 사람을 지휘합니다. 그것이 사상결정론이며 사람중심 사상론입니다. 자주적인 사상을 가진 사람은 능동적으로 자주적으로 살고, 굴종적인 의존사상을 가진 사람은 수동적으로 노예처럼 삽니다.

따라서 사상사업의 원리는 정치영역에만 적용되는 것은 아닙니다. 정치, 경제, 문화 등 인간 활동의 모든 영역에 적용됩니다. 사상사업은 크게 보아 3가지 형태가 있습니다.

첫 번째 사상사업 형태는 흔히 아는 **'사상교양'**사업입니다. 진보정치로 예를 들자면, 이는 '노동자, 근로대중의 관점'에서 본 진보정책과 역사, 경제, 철학, 정세, 젠더에 이르기까지 다양한 분야의 견해들입니다. 주로 독자적 진보매체의 선전과 교육을 통해 교양사업이 이루어집니다. 이 교양의 근본 지향은 민중의 역사적 지위와 역할에 대한 자각과 민족 자주의식 그리고 근로대중에게 새로운 세계관과 인생관을 제시하는 것입니다.

두 번째 사상사업 형태로는 **'사람과의 사업'** 또는 **'정치사업'**이라 합니다. 아마 이런 용어를 처음 듣는 분들도 계실 것입니다. 이는 당면과제를 해결하기 위해 사람들의 사상의식을 발동해 사람들을 움직이는 사업을 말합니다. 이는 논리적 이성뿐 아니라, 인간성, 도덕성, 품성, 감정까지 관련되어 있기에 '사람과의 사업', 또는 **'마음과의 사업'**이라 표현하기도합니다. 사람과의 사업의 목표는 원래 대중을 모든 사업의 주인으로 안내하여 새로운 희망과 열정을 만드는 공정입니다. 모든 사업을 간부나 소수가 아니라, '다수의 대중운동'으로 만들어가는 사업방식을 말합니다.

세 번째 사상사업 형태는 의식개혁을 통해 인간 자체를 혁신하는 '**인간혁신**' 사업입니다. 자본주의가 낳은 의존적이고 이기적인 사람을 자주적이고 공동체 이익을 먼저 지향하는 사람으로 혁신하는 사업입니다. 이것은 사람의 낡은 세계관, 인생관, 도덕관 변화를 통해 민중이 자기운명을 스스로 개척하는 존재로 변화하는 장기적인 사업입니다. 사람이 변한다는 것은 결국 참사상을 깨닫고 사상의식이 변하는 것입니다.

이기주의와 경쟁이 지배적인 자본주의 사회에 사는 사람은 누구나 정도의 차이일 뿐 개인주의, 이기주의, 관료주의 습성이 몸에 배일 수밖에 없습니다. 진보진영 간부나 사람들도 덜할 뿐 예외일 수 없습니다. 이 인간혁신 과제는 나만 잘 살겠다는 개인이기주의와 출세주의, 타인과 대중을 소유하고 지배간섭하려는 '**지배주의**', 돈을 세상의 제일이라 보는 황금만능주의 사상 등을 건강한 사상으로 바꾸는 것입니다. 사람들을 도덕, 인간미가 있는 공동체를 지향하는 사람으로 안내하는 사상사업입니다.

사람에 대한 이해가 철학적으로 발전하면서 기존 맑스주의의 미완성 숙제(의식론, 심리론, 미학론, 윤리론, 정치론)들이 하나씩 풀릴 근거도 마련되었다고 생각합니다. 연구를 할수록 사상사업에 관한 이론은 철학, 심리학, 윤리학, 정치학, 미학 등 다양한 분야의 연구가 복합적으로 필요하다는 것도 알게 되었습니다. 가능한 긴 학술적인 설명은 줄이고 핵심을 설명한 대중서로 더 쉽게 쓰려고 시도했습니다만, 능력이 부족하여 기대한 만큼 되지는 않았습니다. 그러다보니 아쉬움도 남습니다. 추후 다른 분들의 보완을 기대합니다.

진보정치의 강령과 정치노선도 중요합니다. 그러나 지금 한국진보에게 더 절실히 필요한 것은 다시 기본으로 돌아가 진보부터 혁신하는 사상운동의 정상화로 보입니다. 사상사업은 진보적 정당 활동, 노동운동, 농민운동, 시민운동, 청년학생운동 등 모든 진보운동의 기본사업이기 때문입니다. 사상운동은 진보 자신의 혁신을 통해 민족자주와 민주주의, 평등세상과 통일을 성취하는 운동입니다. 사람중심 사상운동, 사상사업혁신이 한국진보 집권전략의 기초입니다.

사상의 자유가 없는 나라에서 근로대중을 위한 참사상을 말하는 것은 매우 고단한 작업이며 때로는 외로운 작업이기도 합니다. 필자 역시 진보사상이라는 것을 처음 접한 것은 20대였으나, 그것이 무엇인지는 조금 알고 다시 고민한 것은 40대를 지나서였습니다. 그리고 여전히 진보운동이 필요로 하는 만큼의 사상에 대한 연구와 사색이 많이 부족함을 느낍니다.

사상운동의 본질은 기술이 아니며 사상운동의 종착지는 인간해방, 인간사랑입니다. 조국과 민중에 대한 연민이 없는 사상운동은 공염불이라 생각합니다. 근로대중은 자기 몸에 맞는 자기 사상을 가질 때 가장 자유롭고 행복합니다. 사람들에게 세상에서 가장 좋은 선물은 자기해방의 무기, 자기 몸과 체질에 맞는 참사상을 얻는 것이라 봅니다.

출판을 위하여 음으로 양으로 힘써 주신 모든 분들께 감사드리며 통일시대연구원 연구위원들의 토론과 도움으로 부족한 글, 1박2일의 사상여행을 시작합니다.

2022. 10 이정훈

| 차례 |

들어가며　　인생과 진보를 위한 사상론　　5

1부 첫째 날

인생과 사상
인간은 사상적 존재, 사상이 운명을 결정한다　　17

1　나는 사상이 있는가?　　19
2　내 마음 갈등의 중심은 무엇인가?　　30
3　사상은 관점에서 시작된다.　　38
4　나의 사상은 누구를 위한 것인가?　　51
5　사는 방식, 공동체주의와 개인주의　　62
6　개인주의 인생관, 어항 속 금붕어 삶　　77
7　욕망은 버리는 것이 아니라 바꾸는 것이다　　86
8　사상은 감정과 욕망의 나침반이다　　96
9　과연 인생의 답은 없는 것인가?　　106
10　다시 사람이란 무엇인가?　　116

2부 둘째 날

사상과 사회운동
모든 운동은 사상을 발동하는 사업이다   129

11 사상사업 없는 진보운동은 모래 위에 쌓은 성   131
12 '연꽃 정치'를 추구하는 자주사상, 진보사상   140
13 진검승부, 인간활동의 철학적 원리   152
14 진보간부는 무엇이 다른가?   160
15 인간관계의 핵, 자주성 존중   168
16 정치사업의 기본, 마음과의 사업   175
17 사람은 어떻게 변하고 단련되는가?   182
18 창조적 능력은 사상으로 발동된다   190
19 진보집권은 사람과의 사업, 사상사업에 있다   196
20 다시 사상운동, 사상혁신이란 무엇인가?   204

글을 마치며   216

철학사전 지식

사상과 철학의 관계

사상은 사물, 현상에 대한 사람의 요구와 이해관계를 반영한 의식으로 사람들의 관점, 견해, 입장, 태도로 표현됩니다. 반면 철학은 **'세계관에 관한 학문'**입니다. 전체로서의 세계에 대한 통일적인 견해와 세계를 대하는 관점과 입장을 밝힌 세계관을 주는 학문입니다. 즉 세상의 존재와 운동 그리고 구성과 작동원리에 관한 학문입니다. 세상은 자연, 사회, 인간으로 구성되어 있으므로 철학은 이들의 본질과 상호관계를 가장 높은 추상적 수준에서 밝힙니다.

개별과학인 물리학, 화학, 역학, 생물학, 천문학 등 자연과학과 사회학, 정치학 등 사회과학의 발전도 철학발전에 큰 영향을 미칩니다. 근대 자연과학의 성과가 없었다면 철학의 비약적 발전과 맑스주의 근대 유물론의 탄생은 불가능했을 것입니다. 그런 의미에서 철학은 포괄적 과학이며, 세계에 대한 가장 추상적 차원의 과학입니다.

동시에 철학도 심리학, 윤리학, 미학, 정치학, 경제학, 역사학, 종교학, 문예학 등 개별 과학발전에 지대한 영향을 미칩니다. 사상도 당연히 이러한 철학의 발전에 큰 영향을 받습니다. 모든 사상은 세계관을 주는 학문인 철학에 기초하여 전개됩니다. 따라서 바탕이 되는 철학이 비과학적이면 어떤 정밀하고 체계적인 사상도 결국 비과학으로 추락합니다.

철학과 사상의 계급성

철학과 사상에는 계급성이 있습니다. 다시 말하면 역사적으로 위로부터 내려오는 지배계층, 계급을 위한 철학과 아래로부터 올라가는 민중, 피지배계급을 위한 철학과 사상이 있습니다. 이 대립된 사상들은 서로 충돌하며 발전했습니다. 자본주의의 학교는 근로대중을 위한 아래로부터의 철학과 사상을 가르쳐주지 않습니다. 학교에서 배우고 잘 아는 대부분의 철학과 사상은 대체로 지배층, 지배계급의 철학과 사상입니다. 인류역사나 현대 자본주의 사회에서 1%의 지배층이 99%를 지배하는 이유는 의외로 단순합니다. 그들의 사상이 전 사회적으로 지배적이기 때문입니다.

인생과 사상

인간은 사상적 존재,
사상이 운명을 결정한다

경남 통영 연화도(蓮花島), 동백꽃 필 때 용머리 해안

1   나는 사상이 있는가?

사람들에게 사상을 이야기하면 첫 반응이 어렵다고 합니다. "나는 사상 같은 거 몰라"라는 말을 흔히 합니다. 제 이야기는 사상은 학자, 지식인이나 진보운동권 이야기가 아니라 보통사람들의 흔한 우리들 생활과 인생이야기라는 것으로 시작합니다.

우선 사상은 너무 흔한 것입니다. 다음 단어들을 떠올려 봅니다. 파리, 모기, 쥐, 바이러스, 실직, 벌금, 임금삭감, 빈곤, 사기, 깡패, 고문, 독재자, 전쟁, 매국노 이완용... 또 다음 단어도 떠올려 봅니다. 꿀벌, 나비, 제비, 진급, 풍요, 합격, 보너스, 당첨, 어머니, 사랑, 박애, 기부천사, 민주주의, 평화, 애국자 안중근... 앞의 단어들은 부정적 감정과 거부의 태도를 불러냅니다. 뒤의 단어들은 긍정적 감정과 수용의 태도를 불러냅니다.

이번에는 윤석열, 김건희, 노무현, 문재인, 아베, 바이든, 푸틴, 젤렌스키, 차베스, 시진핑, 주한미군, 사회주의, 비트코인, 주식투자, 신천지, 코로나 백신, 퀴어 축제, 조국 사태...등은 어떤가요? 이 단어들은 사람마다 강한 자기감정과 태도를 가지고 있으며 호불호가 크게 갈립니다. 이렇게 사람들의 감정과 태도를 다르게 결정하는 요인은 무엇일까요?

모든 사람들은 자신의 주변 사물현상들에 대해 크게 긍정, 중립, 부정 등의 감정과 태도를 드러냅니다. 그 이유는 그 사물현상에 대해 이미 각자 자신에게 '이롭다' 또는 '해롭다'는 지식과 판단을 사람들이 가지고 있기 때문입니다. 사상이 별것이 아니라 이렇게 사람들이 주변 사물현상에 대해 '이로운 것과 해로운 것을 판단하는 관점, 견해와 그에 따른 긍정적이거나 부정적 입장과 태도(감정과 의욕)'를 바로 사상이라 합니다.

비유하자면 큰 사상을 쪼개면 구체적 사물현상들에 대해 수많은 작은 견해, 입장들이 있습니다. 그것을 금전관, 직업관, 연애관, 친구관, 종교관, 사회관, 인간관, 인생관... 등이라고 합니다. 이것들은 분자처럼 무수히 많으며 추상적 사상의 구체적 형태들입니다. 따라서 사상이 없는 사람은 없으며 사람은 모두 **'사상렌즈'**를 끼고 사물을 보고 자기 입장과 태도를 결정합니다.

사상은 무슨 정교한 철학지식만이 아니라 이렇게 평소 느끼는 사람들의 일상적 견해와 부정과 긍정의 감정을 포함하는 태도로 드러납니다. 세상 사물현상, 사건에 대한 사람들의 생각은 처음에는 단순한 생각에서 출발하여 점차 복잡한 견해, 태도(감정과 의욕)로 점차 발전합니다. 물론 사상에는 칸트사상, 헤겔사상, 공자사상, 성리학사상, 불교사상, 맑스사상, 주체사상처럼 복잡하고 체계적인 것도 있고 그냥 보통사람의 생각처럼 단순한 것도 있습니다. 그러나 그것이 단순하건 정교하건 모두 사람들의 관점, 견해, 태도를 나타내는 사상입니다.

사람들이 사상*을 모르거나 어렵다고 느끼게 된 것은 국가나 한국사회가 사람들에게 과학이나, 지식교육을 강조하면서도 사상에 대해서는 멀리하고 사상을 잘 설명하지 않았기 때문입니다. 아니 국민들이 진보사상 같은 것을 모르는 게 더 좋다고 생각했기 때문일 것입니다.

사람은 누구나 자기사상을 가지고 있으며 사상이 없는 사람은 아무도 없습니다. **나의 사상의식은 매일 나의 심장처럼 바쁘게 작동하며 뜁니다.** 주변 사물현상에 대해 나도 모르는 사이 자율신경처럼 작동하

---

* 참고: 사상(思想)에 대한 다양한 설명.
  1) 어떠한 사물에 대하여 가지고 있는 구체적인 사고나 생각.(『네이버 사전』)
  2) 일반적으로는 사고의 내용을 말한다. 심리학, 논리학, 인식론(철학)에서는 사상을 사고작용과 대립시켜 사용하는데, 이때는 사고작용의 결과 생겨난 사고의 내용을 가리킨다. 우리의 의식은 항상 무엇에 대하여 작용하고 있으며 그것은 사고의 작용으로 나타나고, 사고작용은 어떤 내용을 낳는다. 그리고 이 내용에 체계와 통일이 주어질 때 이는 한 사상의 관점, 견해, 개념 등으로 표현된다.(『철학사전』 중원문화판)
  3) 사람들의 요구와 이해관계를 반영한 의식. 사람은 살며 발전하기 위해 일정한 요구를 가진다. 이 요구에 기초하여 다양한 사물현상들과 이해관계를 가진다. 사상의식은 객관세계의 합법칙성을 반영하고 있는 지식과 주위세계에 대한 주관적 체험을 표현하는 감정과 같은 심리현상과도 구별된다. 사상의식은 사람들의 의식에서 핵을 이루며 모든 의식현상의 근저에 놓여있다. 사상의식에 의하여 사람들의 인식활동과 심리활동이 규제된다.(『철학사전』 사회과학원 철학연구소판)

여 이해관계를 판단하며 모든 현상과 관계에 대해 긍정, 중립, 부정 등의 감정과 태도를 갖게 됩니다.

영화 〈기생충〉을 예로 들어보겠습니다. 영화에서 송강호(기택 역) 가족들도 처음부터 원래 나쁜 사람들이어서 가족사기단이 되어 박 사장 집에 기생할 생각을 한 것은 아닐 것입니다. 유명한 대사 "너는 다 계획이 있구나.", "계획을 세워봤자 의미 없다.", "무계획이 계획이다." 라던 송강호의 말은 그의 계속된 계획과 쓰라린 실패경험에서 형성된 경험적 인생관을 보여줍니다. 아버지로서 아들에게 처음부터 거짓말로 직업을 구하라고 가르치진 않았을 것입니다. 허나, 살다가 결국 하류층으로 떨어지고 궁지에 몰려 원래 가졌던 평범하거나 온당한 생각도 버리고 온 가족이 합심해 사기를 치게 되었을 겁니다.

주인공 송강호의 사상은 '**세상은 살아보니 속고 속이고 먹고 먹히는 정글**'이라는 판단(세계관)일 것입니다. 세상이 다 속고 속이고 사는데 나만 깨끗할 이유도 별로 없습니다. 그의 사상(인생관)은 '**생존을 위해 우리도 적당히 속이며 산다.**'라는 관점과 태도일 것입니다. 여하간 우리 가족은 어떻게든 살아남아야 한다는 생각일 것입니다. 이들의 가족애는 보통가족보다 더 끈끈할 수도 있습니다. 이들은 세상 어떤 논리나 가치관보다도 우리 가족은 생존해야 하며 그것을 위해 남을 속이고 직업을 구할 수도 있다는 생각을 합니다. 기생하는 삶이건 아니건 그것은 사치스런 고민으로 됩니다. 그것이 '**가족이기주의**'일지라도 상관없을 것입니다.

그래서 그들은 가족과 나의 생존을 위해 모든 다른 상식적 생각과 건전한 윤리관을 포기합니다. 몰라서 포기하는 것이 아니라 이들은 이들의 처한 현실을 착하게(?) 극복할 생각과 의지를 포기한 것입니다. 이들 마음에 자리 잡은 가장 중심적 생각과 결론은 무엇일까요? 이들의 마음과 정신을 지배한 가족, 직업, 윤리에 대한 관점과 견해, 감정 그것이 바로 사상입니다. 물론 모든 사람들이 하류층과 더한 지독한 삶의 나락으로 떨어져도 송강호 가족처럼 살지는 않을 것입니다. 그것은 사람마다 지키려는 인생관, 행복관, 윤리관, 직업관 등에 대한 가치판단과 생각, 즉 사상이 다르기 때문입니다. 그런데 이 영화의 주인공들이 그렇게 증오스럽거나 밉지만 않은 것은 무엇 때문일까요?

또 다른 이야기입니다. TV 프로그램 〈시사직격〉의 청년 고독사 보고서[*]를 본 적이 있는데, 가슴 아픈 사연들이 많았습니다. 저는 의외로 고독사한 상당수 사람들이 평범한 비정규직 하청노동자들이라는데 놀랐습니다. 구직청년 A도 전형적인 조선소 하청 노동자였습니다. 건설 노동조합 일도 참여하곤 하던 사람입니다. 수십 군데 하청 비정규직 노동자를 전전하다 산재로 다리를 다쳐 일할 곳을 잃게 됩니다. 더 이상 일자리를 구할 수 없게 되자 결국 모든 삶의 의욕을 포기합니다. 모든 것이 좌절되고 생계마저 위태로워지자 이렇게 살면서 누구에게 누를 끼치고 신세지는 것보다 그냥 조용히 사라지는 게 낫다고 생각해 자살했을 것이라 추측합니다.

---

[*] '죽어야 보이는 사람들-2021 청년 고독사 보고서', 「시사직격」, 『KBS』 2021. 05. 07. 방송

그를 추적하니 그는 평범한 하청노동자이며 선량한 사람이었습니다. 열심히 살려고 발버둥 쳤으나 아무것도 할 수 없는 무기력, 이것이 죽음에 이르게 한 것입니다. 이러한 죽음은 누구의 책임일까요? 이 죽음을 책임지는 사람은 아무도 없습니다. 그가 원했던 삶은 무엇이었을까요? 아마 그냥 남들처럼 사는 평범한 삶이 아니었을까요? 그가 마주한 현실에서 그의 인생을 마지막으로 지배한 생각은 무엇이었을까 생각해봅니다.

살다 보니 세상은 가진 자들의 것이며, 나는 있어도 되고 없어도 되는 '잉여 인간'이라 생각했을 것입니다. 평범하게 살고 싶지만 그마저도 가능치 않은 현실을 느끼며 절망했을 것입니다. 무능한 나의 삶은 포기하지만, 극도의 나락의 순간에도 나를 위해 남을 해치거나 남을 등쳐먹는 생각은 하지 않는 건강한 도덕을 가졌을 것입니다. 그러나 현실의 생존 앞에선 무기력과 허망감, 그것이 한 노동자를 지배한 인생관이었을 겁니다. 그런데 그러한 생각은 언제 어떻게 형성되었을까요?

과연 그의 선택이 차라리 영화 〈기생충〉에 나오는 송강호 가족 제시카의 영악한 선택보다 나은 선택이었을까요? 송강호 가족의 모습은 영화가 아니라, 이력서를 쉽게 위조하고 박사학위 논문을 표절하는 우리 주변 모습일지도 모릅니다. 사실 이 나라 고위 관료, 정치인들의 가족관과 비슷합니다. 어떻게 사는 게 잘 사는 것인가요? 그 기준은 도대체 무엇인가요?

대부분 비정규직 노동자들은 자신이 단결하면 힘이 있는 '**노동계급**'*
이라는 사실조차 잘 모릅니다. 그냥 무기력한 월급쟁이, 일용직 노동
자라고 생각합니다. 또 자신의 문제가 인권과 한국 사회구조의 핵심
적 근본문제라는 사실도 잘 인식하지 못합니다. 또 그런 환경과 처지
를 바꿀 수 있다고 생각하거나 그럴 권리가 있다고 배운 적도 거의 없
습니다. 세상은 원래 그런 것이라 생각합니다. 그의 허망함, 무기력
증, '**무기력 사상**'은 방조된 것이며, 사실은 의도된 것입니다.

이번에는 죽지 않고 싸우는 노동자들 이야기입니다. 이들은 도대체
왜 싸울까요? 우연히 나선 비정규직 노동자들의 투쟁은 승리보다 대
체로 쓰라린 패배의 경험이 더 많습니다. 그래도 그들은 그 길을 가
야 한다고 주장하기 시작합니다. 왜일까요? 그들의 생각을 직접 들어
봅니다.

"내가 투쟁을 시작하기 전까지는 내가 비정규직이라는 사실을 인식
하지도 못했어요. 사실 그것을 인정하고 싶지 않았던 것이겠죠. 내가
비정규직이라는 사실, 실은 자본에 의해 강제된 2류 인생이라는 사실
을 똑바로 들여다보는 것이 정말로 힘든 일이었죠.

---

* 노동계급; 공장, 기계, 토지, 원료 등과 같은 생산수단을 소유하고 있지 않은 사람들을
 뜻하며, 자신의 노동력을 팔아 살아가는 근로자, 노동자, 월급쟁이가 이에 해당한다. 한
 문으로는 무산계급(無産階級)이라고 한다. 쉽게 설명을 하면 가난하고 힘없는 백성들을
 뜻한다. 프롤레타리아(proletariat)는 무산자계급을 의미하며 반대로 생산수단을 소유하
 고 있는 사람들을 부르주아(Bourgeois)라고 한다.

그러나 우리는 그렇게 했습니다. 우리의 투쟁을 비정규직 투쟁으로 규정했고, 투쟁했습니다. 결국 실패했습니다. 그러나 난 이런 생각을 합니다. 내가 여태까지 30년의 세월을 살아오면서, 투쟁하던 이때 외에 한 번이라도 내가 내 삶의 주인이 된 적이 있었나, 내 선택에 대해 후회하지 않고 당당하게 자기의 삶을 이야기할 수 있고, 투쟁을 이야기하고 삶의 비전을 말할 수 있었던 투쟁 기간이 어떻게 보면 내 생애에서 가장 훌륭한 기간이 아니었을까 하고 말입니다."

- 한진관광 면세점 비정규직 노동자들의 투쟁 이야기.

이들의 투쟁을 기록한 전국불안정노동철폐연대 집행위원장 김혜진은 이렇게 얘기합니다.

"나는 그래서 투쟁하는 비정규직 동지들을 사랑한다. 그들의 승리 때문이 아니라, 그들이 투쟁에 나선 순간 자신의 고통스러운 현실을 외면하지 않고 두 눈 똑똑하게 들여다보기 시작했으며, 바로 그 위에서 그 현실을 극복하기 위한 고통스러운 투쟁을, 바로 자신의 힘으로 시작했다는 사실 때문이다.

그것은 인간선언이다. 투쟁으로 나선다는 것은 더 이상 자신을 무기력하게 내버려 두지 않고 노동자로서의 존엄성을 세우며, 현실을 회피하지 않고 돌파하겠다는 결의를 하는 것이다. 그것은 비참했던 비정규직 노동자가 한 사람의 당당한 노동자로, 인간으로 일어서는 과정이다. 그리고 이 동지들의 투쟁은 자신들만의 인간성을 회복하는 것이 아니라, 대다수 묻혀있는 비정규직 노동자들의 자존심을 다시 일으켜 세울 것이며, 이들을 짓밟는 데로 알게 모르게 일조해 왔던 정규직 노동자들을 '부끄럽게' 하여, '노동자'의 이름에 걸맞는 연대를 실현하도록 만들 것이기 때문이다."

이렇게 사람들의 마음속에서 일상적으로 벌어지는 현상에 대해 자신의 태도와 의욕을 결정하는 **'가치판단의 저울'**, 그것을 그 사람의 **'사상의식'**이라 합니다. 무기력도 사상의식의 표현이며, 내가 세상의 주인이라는 자각과 사람이 사람답게 살려는 강한 의욕도 바로 사상의식의 표현입니다. 따라서 사상이 없는 사람은 한 사람도 없습니다. 나의 마음속에 살아서 작동하는 것이 나의 사상의식이며, 매일 일상적으로 나의 마음을 움직이고 나의 활력에너지와 내 인생을 지배하는 마음의 핵, 내 행동 선택과 가치선택의 기준 그것이 바로 나의 사상(의식)입니다.

가난한 사랑 노래 — 이웃의 한 젊은이를 위하여

신경림

가난하다고 해서 외로움을 모르겠는가
너와 헤어져 돌아오는
눈 쌓인 골목길에 새파랗게 달빛이 쏟아지는데.
가난하다고 해서 두려움이 없겠는가
두 점을 치는 소리
방범대원의 호각 소리 메밀묵 사려 소리에
눈을 뜨면 멀리 육중한 기계 굴러가는 소리.
가난하다고 해서 그리움을 버렸겠는가
어머님 보고 싶소 수없이 뇌어 보지만,
집 뒤 감나무에서 까치밥으로 하나 남았을
새빨간 감 바람 소리도 그려 보지만.
가난하다고 해서 사랑을 모르겠는가
내 볼에 와 닿던 네 입술의 뜨거움
사랑한다고 사랑한다고 속삭이던 네 숨결
돌아서는 내 등 뒤에 터지던 네 울음.
가난하다고 해서 왜 모르겠는가,
가난하기 때문에 이것들을
이 모든 것들을 버려야 한다는 것을.

2   내 마음 갈등의 중심은 무엇인가?

사상은 어디에 있나요? 사상은 당연히 사람의 머릿속 '의식' 속에 있습니다. 이 의식을 다른 말로 '마음'이라고도 합니다. 세상에 마음이 없는 사람은 없으며, 사상은 마음속 중심에 있습니다. 의식과 마음은 원래 같은 사람의 정신을 두고 하는 두 종류의 말입니다. 좀 어려운 개념이지만 구분하자면 **'의식'의 구체적 체험**과 상태를 마음*(심리)이라고 합니다. 즉 나의 의식이 외부 사물, 사건을 접하며 그 순간 구체적으로 체험하며 느끼고 생각하는 동적인 정신상태를 바로 마음이라고 합니다.

의식과 마음을 바다에 비유하자면, 사람들이 추상적으로 생각하는 막연한 바다가 의식입니다. 반면 잔잔한 바다 또는 폭풍이 휘몰아치

---

* 일정한 생활조건과 환경에서 매 개인에 의해 구체적으로 체험되고 발현되는 의식현상(정신현상). 마음은 의식의 구체적 체험으로 다양한 측면을 가지나 주로 감정, 정서와 지향과 의지가 강조된다.(『주체의 심리학 사전』)
  *철학은 추상적 형태의 의식세계를 주로 다루고 심리학은 의식의 구체적 체험과 그 상태인 마음(심리)을 다룬다. 마음은 체험을 통한 사고의 흐름에 따른 구체적 사상, 지식, 감정의 복합적 산물이다.

는 바다처럼 지금 눈앞에서 구체적으로 움직이며 전개되는 생생한 체험 상태의 바다가 바로 마음입니다. 마음은 거대한 파도처럼 흥분되기도 하고 만사 의욕이 없어져 바람 한 점 없는 호수처럼 평온해지기도 합니다. 그래서 마음은 추상적인 의식에 비하면 아주 생동감 있고, 가변적이며, 감정 정서적 경향이 더 강하고 구체적입니다.

바닷물이 온도와 바람과 기압, 조류에 따라 움직이듯이, 사람의 의식은 사상, 지식, 감정으로 구성되어 서로 영향을 주며 움직입니다. 종교나 철학에서 의식과 마음을 전혀 다른 개념으로 설명하는 분들도 계신데, 이는 하나의 정신실체에 대한 '추상과 구체'의 형태로 서로 다른 측면들을 말하는 것입니다.

그러면 마음속에서 사람을 흥분시키고 의욕을 발생시키거나 또는 의욕을 사라지게 하는 가장 핵심적 역할을 하는 것은 무엇일까요? 지식인가요? 감정인가요? 그것은 사상(의식)입니다. 마음속 사상이 무엇이기에 이런 역할을 하는 것일까요? 의식은 사람이 살려는 요구를 실현하기 위해 발달한 뇌수의 기능입니다. 그 의식 중에서 가장 바쁘게 중심적으로 작동하는 것이 바로 사상입니다. 사상이 단순한 지식이 아니라, 사람이 살고자 하는 요구와 이해관계를 판단하고 처리하는 영역이기 때문입니다.

매일 벌어지는 마음속 갈등, 선택과 가치판단의 기준을 결정하는 것은 바로 나의 요구와 이해관계를 반영한 나의 사상(사상의식)*이 하는 일입니다. 사람들은 매일 매순간 주로 자신과 집단의 요구에 대한 이익과 불이익을 거의 의식하지 못할 정도로 자동적으로 고민합니다. 나의 사상의식은 심장처럼 매일 바쁘게 작동합니다. 사람들이 심장의 박동을 의식하지 않고 사는 것과 마찬가지로 자신의 마음속 사상의식 작동을 거의 의식하지 않고 삽니다.

그러면 마음속 사상은 어떻게 형성되나요? 사람들 마음속에는 누구나 생활 속에서 생겨나는 생각의 흐름과 그에 대한 나름의 결론들이 있습니다. 돈벌이에 대한 생각, 직업에 대한 생각, 남자나 여자 등 이성에 대한 생각, 결혼과 연애에 대한 생각, 인간과 인간관계의 도리에 대한 생각, 행복이 무엇인가에 대한 생각, 자식이나 부모와 가족에 대한 생각, 인생의 자기 꿈에 대한 생각, 종교와 세상에 대한 궁금증과 생각, 인생의 가치가 무엇인가에 대한 생각, 삶과 죽음에 대한 생각 등이 수없이 많은 생각들이 있습니다.

나의 사상을 이렇게 쪼개면 무수한 구체적 관점과 견해들로 나누어집니다. 이것을 좀 유식한 말로 직업관, 금전관, 결혼관, 이성관, 가족관, 가치관, 윤리관, 행복관, 인생관, 종교관, 세계관... 등이라 합니다. 또 이것을 어떤 문제에 대한 '견해'라고도 합니다. 이러한 견해는 교육을 통해서 생기기도 하고 개인적 세상경험을 통해 형성되기도 합니다.

---

* 사람의 의식 속에는 크게 지식, 감정, 사상 등의 의식형태가 있다. 사람은 사상의 지휘 기능으로 지식을 활용하고 사상의 작용에 의해 감정도 발생한다.

생활 속 갈등을 느끼는 문제들에 대한 사람들의 관점과 견해는 유사하면서도 조금씩 다릅니다. 어떤 경우에는 매우 상반됩니다. 심지어 나의 관점은 내 안에서조차 하나가 아니라 서로 충돌하며 싸우기도 합니다. 나의 사상도 하나가 아닙니다. 손해 보더라도 사람답게 살려는 인생관, 가치관과 개인의 이익만을 따라 외부의 힘에 기대어 살려는 인생관, 가치관은 늘 일상에서 매일 충돌합니다. 그것이 마음속 갈등의 근본 원인입니다.

가령 임은정 검사는 부도덕하고 불의한 대한민국 거대 검찰과 외로운 싸움을 계속합니다. 그러나 그녀도 처음부터 그랬던 것은 아닙니다. 2018년 검찰 내 성폭력을 은폐했다며 전직 검찰총장 등을 직무유기로 고발합니다. 2012년 고(故) 윤길중 씨에 대한 재심 결심공판에서도 무죄를 구형해 정직 4개월 징계를 당합니다. 이후 '한명숙 재판 위증 및 검사 위증교사 의혹' 사건으로 당시 검찰총장 윤석열을 고발합니다. 물론 그녀는 지금도 검찰의 변방으로 돌고 있습니다. 골리앗과 다윗의 싸움입니다. 그녀의 목소리를 직접 들어봅니다.

"큰 계기가 있다기보다는 차곡차곡 쌓인 거다. 부끄러움이 쌓였다. 나도 우리도 인정받고 싶고, 사랑받고 싶었다. 실제로 2009년에 법무부에 발령받았을 때는 한동훈, 권순정과 같이 갔다. 법무부 여검사 TO는 하나였다. (나는) 최선두 주자였다. 그때도 성희롱, 스폰서, 밤 문화, 부정한 청탁, 압력을 보긴 봤다. 하지만 외면하고 싶었다. 나도 사랑받고 싶었으니까. 그러다 법무부에 가서 보니, 본부가 이 정도면 검찰이 범죄집단 아닌가 생각이 들었다. 침묵하고 영합한 것이 너무 부끄러웠다. 2012년 (상부 지침을 어긴) 무죄 구형으로 온실 속 화초가 비닐을 찢어내고 광야로 달려간 상황이 됐다."*

거창하게 독립투사나 민주투사가 아니고 나라 문제가 아니더라도, 양심과 소신에 따라 살려고 하는 사람들은 많습니다. 부정과 불의를 보면 손해를 감수하고 양심선언을 한 사람도 많습니다. 급여가 턱없이 적어도 가난을 감수하며 수십 년 시민, 진보단체 활동을 하는 사람도 많습니다. 기부왕 연예인 '션'처럼, 자본주의 모순을 혁파하지는 못해도 주변의 가난한 빈자와 약자를 위해 소리 없이 기부하고 봉사하는 사람도 많습니다. 지구 환경을 위해 불편을 감수하면서 소비를 줄이고 옷도 덜 사고 덜 쓰는 사람도 늘어갑니다.

그러나 그들도 고민이 없었던 것은 결코 아닐 것입니다. 내 안에서도 인생의 선택의 기로에서 자주적 의식과 예속적 의존과 순종의식은 늘 충돌합니다. 그래서 어떤 사람을 알려면 성격과 학식도 알고 자라온 환경도 알아야 하지만, 그 사람의 인생관과 가치관의 중심, 즉 사상(의식)을 아는 것이 결국 그 사람을 아는 본질로 됩니다. 하나가 하나를 이기고 그것을 선택하고 결정하는 것, 바로 그것이 내가 선택한 나의 가치관, 나의 사상입니다.

---

* 「검사 임은정 "검찰 수사가 이 지경일 줄은 몰랐다"」, 『뉴스타파』 2022.04.22.

누가 하늘을 보았다 하는가

신동엽

누가 하늘을 보았다 하는가
누가 구름 한 송이 없이 맑은
하늘을 보았다 하는가

네가 본 건, 먹구름
그걸 하늘로 알고
일생을 살아갔다.

네가 본 건, 지붕 덮은
쇠 항아리,
그걸 하늘로 알고
일생을 살아갔다.

닦아라, 사람들아
네 마음속 구름
찢어라, 사람들아,
네 머리 덮은 쇠 항아리.

아침저녁
네 마음속 구름을 닦고

티 없이 맑은 영원의 하늘
볼 수 있는 사람은
외경을
알리라

아침저녁
네 머리 위 쇠 항아릴 찢고
티 없이 맑은 구원의 하늘
마실 수 있는 사람은

연민(憐憫)을
알리라
차마 삼가서
발걸음도 조심
마음 조아리며.

서럽게
아 엄숙한 세상을
서럽게
눈물 흘려

살아가리라
누가 하늘을 보았다 하는가
누가 구름 한 자락 없이 맑은
하늘을 보았다 하는가.

3   사상은 관점에서 시작된다

사물을 보는 눈의 위치를 '**관점**'(觀點)이라 합니다. 생각과 견해의 차이는 보는 지점의 차이에서 시작됩니다. 즉 사상적 차이는 관점에서부터 시작됩니다. 사상은 관점에서 출발해 견해, 입장, 태도(감정과 의욕)로 계속 발전합니다. 관점은 차후 견해, 이론, 프레임 등을 낳는 '**사상의 출발점**'입니다. 같은 현상도 왜 처지와 관점에 따라 견해가 다르거나 상반될까요? 그것은 단순한 시각 차이일까요? 관점 차이의 본질은 무엇일까요?

〈6과 9〉, 〈오리와 토끼〉는 관점의 차이에 대한 유명한 그림들입니다.

그림이 말하는 것은 보는 입장과 시각에 따라 두 가지 모두 진실이라는 것을 이야기하는 그림입니다. 그런데 이 그림 이야기는 관점에 대해 절반은 맞고 절반은 틀린 이야기입니다. 흑백논리에서 벗어나 다양한 입장과 시각에서 사물을 보라는 의미에서 이것은 맞는 이야기입니다. 그러나 이 그림을 두고 모든 사물에 진실이 없으며 진실은 보는 각도에 따라 다르므로, 진실이란 원래 없으며 전부 **"생각하기 나름이다"** 라고 주장하기도 합니다. 이것은 오류입니다.

<6과 9>

<오리와 토끼>

이 그림은 철학적으로 '세상에 진리는 없다'는 허황된 논리로 빠지기도 합니다. 이것을 '**진리의 상대주의**'라고 합니다. 이렇게 '세상의 진리를 알 수 없다'는 진리관은 세상의 진리를 은폐하려는 자본주의 철학의 도구로 악용되기도 합니다. 역사상 지배계급과 거대 자본이 '둘 다 진리이다' 또는 '진리를 알 수 없다'는 철학을 선호하고 바라는 것은 우연이 아닙니다. 근로대중의 철학사상과 거대 독점 자본가의 철학사상 중 어느 쪽이 진리일까요?

만약 위 그림을 처음 쓴 사람이 '6'으로 일정 공간과 각도에서 썼다면 이것은 원래 '6'이 진실입니다. '9'는 일시적 공간과 각도의 위치변화로 인한 착각과 오해입니다. 또 처음 그린 사람이 오리를 그린 것이면 그것은 원래 오리입니다. 토끼로 보일 수도 있지만, 그것은 보는 사람의 주관과 착각입니다. 이러한 시각 차이와 착각은 금방 해소될 수 있습니다.

그러나 관점의 본질은 다른 곳에 있습니다. 관점의 본질은 시각 차이가 아니라 '**이해관계**'의 차이입니다. 시각 차이는 착각과 오해가 풀리면 바로 해소되지만, 이해관계의 차이에서 오는 관점의 차이는 시간이 지나도 해소되지 않고 오히려 계속 증폭됩니다.

가령 독도가 우리 땅이라는 증거*는 차고 넘칩니다. 그럼에도 일본이 독도가 자기네 땅이라고 우기고 있습니다. 이것은 사료에 대한 시각 차이일까요? 아니면 두 주장 모두 맞는 것이거나 진실을 알 수 없는 문제일까요? 이것은 단순한 시각차이가 아니라 이해관계의 차이입니다. 일본이 여전히 조선의 식민지 지배에 대한 사과와 반성에 전혀 관심이 없으며, 2차 대전 이후 일본정부가 경제력과 미국의 힘을 등에 업고 일본의 평화헌법도 개정하여 종국에는 아시아 군국주의 부활을 여전히 시도하고 있다는 증거로 됩니다.

불행히도 현대 자본주의 사회는 일상적 '**관점전쟁**'의 시대가 되었습니다. 특히 대한민국은 관점, 견해, 가치관의 혼돈이 극심한 나라입니

---

* 1145년에 편찬되었던 <삼국사기>에 의하면, 512년에 우산국은 신라 하슬라주의 군주인 이사부의 군대가 우산국을 정벌하면서 신라에 복속되었다. 나중의 문헌에 있는 우산도는 이 우산국의 일부이고, 독도에 해당한다. 문헌에 따르면 독도는 512년부터 우리의 영토였다.

1695년 일본 막부는 조선과 일본사이에 울릉도 영유권 논란이 일자, 이를 알아보기 위해 일본 돗토리번에 울릉도의 소속을 질문(12월 24일)한다. 돗토리번은 다케시마(울릉도)와 마쓰시마(독도)가 일본 돗토리번의 소속이 아니라고 답변(12월 25일)한다. 이에 따라 막부는 울릉도와 독도가 일본령이 아님을 공식적으로 확인된다.

다. 그 근본 이유는 한국 근로대중의 경제적, 정치적 요구와 이해관계가 한국 정권과 대기업 등 지배층과 크게 차이나기 때문입니다.

한국에서 최저임금을 받고 생계를 이어가는 사람들은 불안정한 청년 노동자이거나 대부분 가난한 비정규직과 서민들입니다. 이들의 절박한 생계비인 최저임금을 둘러싼 한국사회의 관점전쟁을 보면 가관입니다. IMF 위기 이후 한국은 외국자본의 사냥감이 되어, 국내은행과 주요 대기업 주식과 운영권을 빼앗겨 경제 자립성은 바닥이고, 근로대중의 절반이 비정규직으로 전락하여 뼈 빠지게 고생해도 국부는 밑 빠진 독처럼 줄줄 새면서 한국이 선진국이 되었다고 자랑합니다.

한국이 짧은 시간에 서유럽국가 수준의 경제 규모로 성장한 것은 근면하고 성실한 한국 근로대중이 헌신적으로 일해서 이룬 대단한 성과입니다. 문제는 성장의 성과를 외래자본과 거대 대자본이 대부분 가져가고 그 성장의 주역 근로대중은 근근이 겨우 살아가는 데 있습니다.

같은 규모의 유럽경제국에 비해 한국의 사회복지와 안전망은 매우 부실합니다. 노동권은 취약하고 해고는 쉽습니다. 이는 지난 경제 성장 과정에서 경제적 민주화와 근로대중의 노동권과 사상, 정치적 자유가 보장되지 않았다는 데 기인합니다. 경제 규모가 크게 성장하면서 개인 능력과 노력으로 부를 축적한 중소기업과 중산층도 일정 형성되었지만, 한편으로는 불평등은 오히려 늘어 중간층과 근로대중이 절대빈곤의 나락으로 쉽게 떨어지는 불안정 사회로 되었습니다.

절대 생계비 이하의 가난한 사람(23%)들이 많다면 사회 안전망이든 최저임금이든 이들을 보듬고 나가는 것이 정상사회입니다. 그러나 한국 집권층은 민주당, 국민의힘을 막론하고 **"최저임금이 늘면 고용이 늘지 않는다."*** **"자영업자들이 망한다." "물가상승으로 이어진다."** 는 등 맞지도 않는 거대 자본가를 위한 경제학 이론과 가설을 들먹입니다. 결사코 대기업과 가진 자들 편에 서서 사회복지비용과 최저임금을 인상하면 한국경제가 곧 망할 것처럼 선전합니다.

1인당 국민소득(GDP)은 평균소득입니다. 정부와 언론은 이 평균에 가려진 불평등은 애써 무시합니다. 경제 성장에 따라 한국사회 불평등도는 가파르게 올라갔습니다. 한국 상위 10%의 소득층이 전체 소득의 46.5%를, 하위 50%의 소득층이 전체 소득의 16%를 갖습니다. 재산(富)으로 따지면 더 심해 재산을 가장 많이 가진 상위 10%의 재산 보유분이 전체 재산의 거의 60%인 반면, 하위 서민층 50%의 보유분은 겨우 6%에 지나지 않습니다.** 이는 경제민주화를 외면하는 국

---

* 김성희 고려대 노동대학원 교수 발언, 『한겨레』, 2021.06.30.
1990년대부터 발표된 200여개의 연구를 메타 분석한 벨먼과 울프슨의 2014년 연구에 따르면 최저임금이 고용에 미치는 부정적 영향은 통계적으로 검출하기 너무 적어 거의 없다시피 한 것으로 분석되었다. 우리나라에서도 황선웅(2018), 홍민기(2019)의 연구를 통해 타당하게 입증했다.

** 「세계불평등연구소, "한국, 서유럽처럼 부유하지만 소득·부 불평등 훨씬 심각"」, 『대학지성』 2021.01.12.

가가 만든, 근로대중은 영원히 지금처럼 살라는 빛 좋은 개살구 가짜 선진국 논리입니다.

편의점 논쟁을 예로 들어보겠습니다. 2016년 대비 2020년 4대 편의점(GS25·CU·세븐일레븐·이마트24) 본사의 평균 매출액은 4조 3729억원(+27.2%) 증가했지만, 가맹점 사업자의 평균 매출액은 1억 1300만원(-5.1%) 하락한 것으로 드러납니다. 가맹점 자영업자 폐업의 근본 이유는 주로 구조적인 이유입니다. 편의점 본사들의 과다한 점포확장으로 인한 매장의 매출 저하와, 과다한 본사 로열티(이익의 30~40%) 때문입니다. 문제는 자영업자들은 쉽게 망해도 그 책임은 점주에게 돌아가며 본사는 매출 증가로 이어지기 때문이지 단순히 알바 최저임금인상이 폐업의 주요한 원인이 아닙니다.

주류경제학 박사란 사람들과 한국 주류언론은 누구를 위해 봉사할까요? 한국 언론은 갑(대기업)과 을(점주)의 싸움을, 을들 사이(점주와 알바 근로자)의 싸움으로 바꾸는 데 앞장섭니다. 한국 언론의 이간질 프레임 속에 거대 프랜차이즈 업체의 구조적 횡포에 대한 문제는 없습니다. 이것은 여론과 대중관점을 분열시켜 서로 싸우게 하여 지배하는 '분할지배 전략'의 고전적 수법입니다.

최근 윤석열 정부의 총리 한덕수는 과거 IMF 당시 외환은행을 외국계 사모펀드 론스타(Lonestar)에 헐값에 넘겨준 1등 공신 변호사업체 김앤장에서 4년 동안 고문료로 19억여 원을 받던 사람이고, 무역협회에서 3년간 23억 5천만원 넘게 받았다고 합니다. 대체 무슨 역할을 하고 이렇게 많은 돈을 받았을까 궁금합니다. 그런 한덕수가 노동자 최저임금 시급 9,160원(2022년)이 너무 높다면서 **"최저임금 급격한 인상은 문제, 부작용 많다"**라고 말하는 사람입니다. 그는 누구의 관점과 이익을 대변하는 총리가 될까요?

박사들보다 못 배운 나는 흔들립니다. 사방에서 같은 말을 듣다 보면 맞는 말인 것도 같습니다. 나는 청년 알바노동자인데 나의 입장, 나의 주장, 최저임금의 진실을 말하는 박사는 언론에서 찾아보기 힘듭니다. 나는 불만이 많지만 모난 돌이 될 수도 없어 그냥 현실을 인정합니다. 나는 나의 요구와 내 생각과 상반된 저들의 관점과 논리를 어느 순간 받아들이게 됩니다.

저런 사람들이 정부에 요직에 앉은 나라에서 아무도 돌보지 않는 청년노동자의 죽음은 아마도 해마다 늘어날 것입니다.

나의 모든 시는 산재시다

송경동

산재추방의 날에 읽을 시 한 편 써달라는 얘길 듣고
멍하니 모니터만 보고 앉아 있다
또 뭐라고 써야 하지
무슨 말을 할 수 있지

잘린 손가락과 발들을 위로하면 될까
강압으로 목과 허리에서 탈출한 디스크추간판들을
위로하면 될까
모든 부러진 뼈, 찢어진 눈, 터진 머리, 이완된 근육
닳아진 무릎, 손상된 폐를 위무하면 될까
압사, 추락사, 감전사, 질식사, 쇼크사, 심근경색,
유기용제 중독으로
하루에 7명씩 8명씩 일수 붓듯 착실하게 죽어가는
모든 산재 열사들을 추모하면 될까

식당아줌마, 중국집배달부, 퀵서비스, 가정노동
모든 비공식부문 노동자들에게도
180만 특수고용노동자들에게도
농업노동자들에 불과한 영세농민들에게도

산업폐기물이 된 노령인들에게도
산재보험 적용을 해달라고 간구하면 될까
산재 민간감시원을, 산재요양 기간을, 적용 범위를 좀 더
늘려달라고
산업안전보건법 상 사용자의 의무를 좀 더 늘려달라고
산재 주무 기관을 좀 더 민주화시켜달라고 청원하면 될까

산재추방의 날에 읽을 시 한 편을 써달라는 얘길 듣고
멍하니 모니터만 보고 앉아 있다
사무직노동자들은 산재가 없을까
서비스직 노동자들은 산재가 없을까
전문직종사자들은 산재가 없을까
내 아내에게는 내 아이에게는 산재가 전가되지 않을까
사랑하는 사이에는 산재가 없을까
신체가 늘어지거나 부러지거나 잘리는 것만이 산재일까
정신의 훼손과 관계의 파탄은 산재가 아닐까

내 모든 시는 실상 산재시다
내가 외로움을 이야기할 때 그것은
모든 형태의 산재로부터 자유롭지 못한
이 세계에 대한 외로움이다
내가 자연을 그리워할 때 그것은
모든 자연스러움과 조화로움으로부터 쫓겨나

한양도성, 돈의문 터 구간

기계가 되고 싶지 않다는 항변이다

보라. 저 거리에 나온 모든 상품들도
불구의 몸으로 산재를 앓고 있다
보라. 저 거리에 선 모든 나무들도
팔다리 잘리며 산재를 앓고 있다
보라. 저 들녘 강물의 모든 실핏줄들도
검은 가래에 막혀 산재를 앓고 있다
보라. 저 하늘 위에서 내리는 모든 눈도 비도
산성에 물들어 있고, 보라.
저 하늘의 오존층도 우리의 폐처럼
숭숭 구멍 뚫리고 있다

이 모든 산재에 보상하라고
우리는 말해야 한다
이 모든 산재를 지속가능한 상태로 되돌리라고
우리는 요구해야 한다
누구에게. 저 자본에게
우리의 잘린 손가락과 발가락을 모아
닳아진 무릎뼈와 폐혈관과 혼미해진 정신들을 모아
배부른 저 자본에게 우리는 요구해야 한다
이윤이 중심이 아니라 건강과 안전과 평화가 중심이
되어야 한다고

가장 악독한 산재인 이 눈먼 자본주의를 추방해야 한다
모든 스트레스의 근원인 착취와 소외의 세계화를 막아야 한다
모든 사랑스런 관계들을 파탄으로 내모는 이 불안정한 세계를
근절해야 한다

산재추방의 날에 읽을 시 한 편 써달라는 얘길 듣고
멍하니 모니터만 바라보고 있다
자본주의를 추방하지 않고
산업재해 없는 세상이 올 수 있을까
생각하면 이렇게 간단한데 그것이 왜 이다지도 어려울까
나와 우리가 진정으로 겪고 있는
가장 엄중한 산재는 이것이 아닐까
더 이상 희망을 말하지 못하는
다른 세계를 꿈꾸지 못하는
이 가난한 마음들, 병든 마음들

4   나의 사상은 누구를 위한 것인가?

인체의 눈처럼 사람에게 사상의식이 없으면 사람은 사리분별을 못하는 동물과 같게 됩니다. 사상의 출발은 바로 관점이며, 서로 다른 관점 차이의 본질은 **'사람의 요구와 이해관계'**의 차이라는 것을 앞서 살펴보았습니다. 이제는 사람들의 이해관계가 왜 개인적인 문제라기보다 사회 **'집단적 차원'**의 문제이며, 각자 자기 사상이 있지만, 사상은 원래 집단에서 나온다는 이야기를 하려 합니다.

사람은 누구나 사회 집단에 소속됩니다. 사람은 태어나면서부터 집단에 자동으로 소속됩니다. 그 집단소속 중 한 사람의 인생을 결정하는 중요한 집단은 크게 3가지입니다. **민족(국가), 계급, 가족** 등이 그것입니다. 사람에게 집단소속은 인생을 살아가는데 매우 중요하며 결정적입니다. 중국에서 태어나면 중국적 이해관계와 집단의식을 갖게 되고, 영국에서 태어나면 영국적 집단의식과 사상을 갖게 됩니다. 북한(조선)에서 태어나면 사회주의 사상을 자연스럽게 받아들이고, 남한에 태어나면 자본주의 사상을 자연스럽게 받아들입니다. 민족국가 집단은 사람의 생활을 규정하는 1차 집단입니다.

또 다른 주요한 거대집단은 민족내부나 국가내부에 있습니다. 그것이 바로 '계급'이라는 집단입니다. 같은 민족, 같은 나라 안에서도 금수저, 은수저, 동수저, 흙수저처럼 사람은 태어나면서부터 계급사회의 한 소속으로 됩니다. 여기서 말하는 계급은 군대, 경찰 또는 회사의 직급과 같은 특수한 집단의 위계질서를 말하는 것이 아닙니다. 한국사회는 자본주의 사회이고, 자본주의 사회는 기본적으로 거대한 계급사회(Class Society)*입니다.

이재용은 나면서부터 일명 '다이아몬드 수저'를 물고 타고났습니다. 즉 거대 자본가 계급의 최상층으로 태어났습니다. 그의 개인적 능력이 어느 정도인가에 상관없이 대체로 그의 인생행로와 사상은 그가 태어나는 순간 집단소속으로 정해지기 마련입니다. 또 가족도 사람들의 운명에 영향을 미치는 중요한 소속집단중 하나입니다. 사람은 한마디로 '집단적 존재'입니다.

그런데 한국에 태어나길 원해서 한국에 태어나는 사람은 한사람도 없습니다. 가난한 '흙수저' 집안에 태어나길 원해서 태어난 사람도 없습니다. 사람은 자라나면서 자기의지로 목적의식적으로 새로운 집단

---

* 계급사회; 정권, 생산수단, 부의 소유권을 특정 계급이 독점하는 사회. 맑스는 고대 노예제 사회, 중세봉건 사회, 자본주의 사회를 모두 계급사회로 분류한다. 더 많은 재산과 부를 가진 자들은 더 높게 계층화 되며, 생산수단과 정권에서 소외된 자들은 사회에서 하층계급(노동자, 무산자계급)으로 분류된다. 계급사회에서, 최소한 암묵적으로, 사람들은 사회적 계층 또는 계급이라고 흔히 불리는, 뚜렷한 사회 계층으로 나뉜다.

을 선택해 살아가기도 합니다. 학교, 회사, 직업, 정당, 단체, 결혼 등으로 본인의 의지와 노력에 의해 새로운 작은 집단에 소속하며 살아갑니다. 그럼에도 그 사람이 나면서부터 속한 큰 소속집단(민족과 계급)이 그 사람의 인생행로에 가장 거대한 영향을 미칩니다. 쉽게 말해 태어날 때 '금수저'는 평생 '금수저'로 대체로 편하게 삽니다. 그것이 바로 사회계급입니다. 학교는 이것을 잘 가르쳐 주지 않습니다.

사람들의 요구와 이해관계의 충돌은 대부분 집단과 집단 사이에서 발생합니다. 즉 이해관계의 충돌은 중국과 미국의 이해관계, 한국과 일본의 이해관계, 노동자와 거대 자본가의 이해관계, 삼성과 애플의 기업 간 이해관계, 기독교와 이슬람 간 이해관계 등 다양합니다. 중동의 팔레스타인 문제나 북미 관계처럼 장기적이며 격렬한 충돌은 주로 민족적, 계급적 이해관계의 충돌에서 발생합니다. 내가 만약 팔레스타인에서 태어났다면 나는 당연히 이스라엘과 싸우게 됩니다. 이처럼 사상은 각 개인들이 가지고 있지만 원래 개인의 것이 아니라 사회집단에서 나온 것입니다.

고대로부터 어떤 민족이 다른 민족에게 지배를 받고 억압을 받으면 당연히 민족해방 사상과 저항의식이 자라게 됩니다. 일제 식민지시기에 조선사람 개인들의 불행은 어디에 연유하는 것일까요? 당연히 당시 개인의 행복과 운명도 결국 민족이라는 집단의 처지와 운명을 개선하지 않고는 허망한 것이었습니다. 그래서 우리역사에서 독립군(광복군, 항일유격대)이나 나치 독일에 저항하던 프랑스의 레지스탕트

(Rèsistance)도 나와 가족을 지키기 위해서는 먼저 자기 나라와 민족의 해방을 위해 목숨을 걸고 싸워야 했던 것입니다.

계급은 민족처럼 언어나 피부색으로 구별되지 않습니다. 한 나라 안에서도 고대로부터 노예계급, 중세의 농노계급, 천민계급들은 하층계급으로 자유롭고 평등한 세상을 갈망했습니다. 문명이 발전하면서 이들 하층 피지배 계급은 계급해방과 신분해방 사상을 꾸준히 발전시키게 됩니다. 사람들은 현대 자본주의 사회는 계급과 신분이 없다고 흔히 이야기하는데 그것은 착각입니다. 오늘날 자본주의 사회의 월급쟁이 임금 노동자(Working Class), 다수의 근로대중들이 바로 현대판 계급입니다.

오른쪽 그림은 유명한 칼 맑스(Karl Marx)와 막스베버(Max Weber)의 계급, 계층 이론을 그림으로 표현한 것입니다. 물론 이 그림은 계급을 너무 단순화해서 표현했지만, 자본주의 사회 계급 본질에 대해 직설적으로 표현하고 있습니다. 인류 역사상 문명사회에 들어서면서 사회에는 언제나 계급과 그 계급에 근거한 다양한 계층이 다시 만들어졌는데, 현대 자본주의 사회에서는 크게 상층계급과 하층계급, 부자와 중산층, 빈자로 나누는 기준점은 무엇일까요? 개인 능력의 문제일까요? 구조적 문제일까요? 자본주의 사회에서 근본적 차이의 출발은 태어나면서부터 있는 불평등한 사회 구조의 문제입니다. 어떤 구조적 문제일까요?

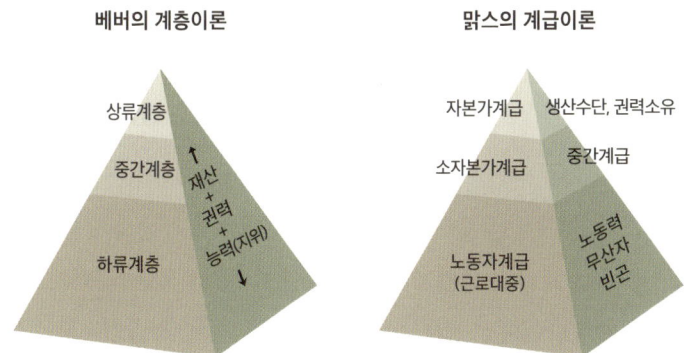

한국 사회에서는 계급이란 용어를 의도적으로 잘 사용하지 않습니다. 서구에서 계급이라는 용어가 학계와 언론에서 일상적으로 흔히 사용되는 것과는 아주 대조적입니다. 한국 학계에서는 사회구조 분석으로 이 계급이라는 용어를 사용하는데, 언론과 교육 등 일상적 용어로는 거의 좌파적 금기어처럼 의식적으로 잘 사용치 않습니다.

현대 산업사회는 산업구조가 바뀌어 자본가와 노동자 계급이 점차 사라져 계급은 이제 없으며, 개인능력에 따라 상층, 중층, 하층이 구성되는 시민사회라고 주장하는 것이 바로 지배층과 자본가 계급의 논리입니다. 물론 노동자 계급의 구성이 서비스 노동자와 지식노동자의 증가로 그 구성이 다양해지고 중간층이 확대된 것은 사실입니다. 요즘 한국에서 유행하는 능력주의는 개인의 능력에 따라 소득과 빈부에 따라 계층이 형성된다고 합니다. 과연 그럴까요? 같은 자동차 공장에서 오른쪽 바퀴를 조이는 정규직은 능력이 있어 중산층이고, 왼쪽 바퀴를 조이는 비정규직은 능력이 없어 하층이 된 것일까요?

이들이 계급이란 용어를 거세하려는 이유는 무엇일까요? 사회구조의 진실과 노동자의 정체성을 지우기 위해서입니다. 일제가 조선인에 대해 조선역사의 왜곡과 창씨개명으로 민족의식의 뿌리를 아예 없애려 했던 시도처럼 말입니다. 자본주의 사회에서 계급은 엄연히 존재하지만, 계급이란 용어를 강조하면 노동자와 근로대중은 '계급의식'*을 갖고 계급적 이해관계를 자각하고 그 해소를 위해 나서고 투쟁하기 때문입니다.

맑스가 발견한 자본주의 사회 계급개념과 무계급 사회이론은 19세기 당시에 혁명적 견해였습니다. 그러나 계급개념과 사회주의란 사실은 별것도 아닙니다. 어떻게 보면 지금은 누구나 생각할 수 있는 상식적인 주장입니다. 그의 주장은 자본주의의 모든 빈부와 불평등의 근본 원인은 기업소유권(생산수단의 소유)의 사유화가 문제라는 주장입니다.

따라서 황금알을 낳는 대공장, 기계 등의 개인소유를 금지하고 사기업의 이윤독점 체계를 뜯어고쳐 불평등의 원인을 제거하자는 것입니다. 공기와 물처럼 경제적으로 거대 기업의 생산수단 소유를 개인이 독점하지 못하게 금지시키고, 국가공유기업으로 대중이 공유하

---

* 계급의식(階級意識, Class Consciousness); 어느 계급의 구성원이 계급에 소속함으로써 갖는 사회의식. 이는 현실의 대립하는 계급을 반영한다. 그 계급의 생활을 반영해서 본능적·감각적인 단계에 있는 '즉자적 계급의식'과 계급의 사회적 지위·요구·역사적 사명, 정치적 임무 등을 자각한 보다 높은 '대자적 계급의식'이 있다. 계급투쟁 과정에서 노동자는 노동자 계급의식을 갖게 된다.

자는 단순명쾌한 주장입니다. 쉽게 말해 삼성 같은 기업은 삼성일가나 이재용 개인 지배주주 소유가 아니라 원래부터 국영기업으로 해야 한다는 간단한 주장입니다. 주요 거대 기업소유권을 특정 개인이나, 계급이 아니라 근로대중과 전체 국민(전인민)의 소유로 하자는 견해입니다.

사회주의와 무계급 평등사회 이론의 핵심은 의외로 아주 간단합니다. 맑스의 주장이 사회적 파장을 일으키고 지배층과 자본가들의 저주와 증오의 사상이 된 것은, 이 이론에 기초해서 실제 최초의 사회주의 혁명인 러시아 혁명이 발생하고 인류 최초로 사회주의 공화국이 건설되었기 때문입니다. 세계 근로대중은 혁명 성공에 고무되어 놀랐으며 각 나라 자본가들과 지배층이 경악한 것은 당연합니다. 인류 역사상 처음으로 지배계급의 기반을 뿌리부터 흔드는 새로운 사상과 정치혁명이 현실화되었기 때문입니다.

이렇게 관점의 차이에서 시작된 이론과 사상은 사회적 파급력이 크고 세상을 바꾸는 힘이 됩니다. 그것을 '관점의 당파성, 민중성, 계급성'이라고 합니다. 그래서 지배층은 이러한 관점과 견해의 씨를 말리기 위해 무지막지한 법적, 제도적 사상탄압으로, 때로는 거대 미디어와 자본의 지배력과 지식인을 이용하여 자유언론의 명분으로 그들 구미에 맞는 여론형성을 체계적으로 조직합니다. 그것이 현대 자본주의 정치입니다.

금수저 계급과 흙수저 계급은 사회모순이기는 하나, 어쩔 수는 없다는 사람도 적지 않으며, 아무리 열심히 일해도 빈곤과 가난을 벗어날 수 없다고 생각하는 사람들은 **"이번 생은 망했다"**고 체념합니다. 개인 능력이 해결방법이라고 믿는 사람들은 자신의 노동력 가치와 경쟁력을 높이려 합니다. 사회문제보다 가정에 충실하고 '**소확행**'(작지만 확실한 행복)을 추구하게 됩니다. 또 어떤 사람들은 살면서 체험적으로 근본적으로 사회구조가 문제라고 느끼고 사회참여와 개혁에 서서히 관심을 갖게 됩니다.

나의 사상과 견해는 사실 내가 만든 게 아니라 사회가 준 것입니다. 그것도 그 사회의 지배층에 유리한 관점과 견해가 대부분입니다. 나의 사상은 과연 나를 위한 것인가요? 뻐꾸기는 매년 십자매 집에서 알을 까고, 십자매는 남의 알을 품고 자신의 알은 부화시키지 못합니다. 살면서 내 몸에 맞는 나의 사상을 찾는 것은 나의 몫입니다.

3.8선은 3.8선에만 있는 것이 아니다

김남주

삼팔선은 삼팔선에만 있는 것이 아니다
당신이 걷다 넘어지고 마는
미팔군 병사의 군화에도 있고
당신이 가다 부닥치고야 마는
입산금지의 붉은 팻말에도 있다
가까이는
수상하면 다시 보고 의심나면 짖어대는
네 이웃집 강아지의 주둥이에도 있고
멀리는
그 입에 물려 보이지 않는 곳에서
죄 안 짓고 혼줄 나는 억울한 넋들에도 있다
삼팔선은 삼팔선에만 있는 것이 아니다
낮게는
새벽같이 일어나 일하면 일할수록 가난해지는
농부의 졸라 맨 허리에도 있고
제 노동을 팔아
한 몫의 인간이고자 고개 쳐들면
결정적으로 꺾이고 마는 노동자의
휘여진 등에도 있다

높게는
그 허리 위에 거재(巨財)를 쌓아올려
도적도 얼씬 못하게 가시철망을 두른
부자들이 담벼락에도 있고
그들과 한패가 되어 심심찮게
시기적절하게 벌이는 쇼쇼쇼
고관대작들이 평화통일 제의의 축제에도 있다
뿐이랴 삼팔선은
나라 밖에도 있다 바다 건너
원격조종의 나라 아메리카에도 있고
그들이 보낸 구호물자 속이 사탕에도 밀가루에도
달라의 이면에도 있고 자유를
혼란으로 바꿔치기 하고 동포여 동포여
소리치며 질서의 이름으로
한강을 도강(渡江)하는 미국산 탱크에도 있다
나라가 온통
피묻은 자유로 몸부림치는 창살
삼팔선은 감옥의 담에도 있고 침묵의 벽
그대 가슴에도 있다.

5   사는 방식, 공동체주의와 개인주의

대체로 한국인들은 혼자 잘 살기보다 더불어 골고루 잘사는 평등한 사회를 원합니다. 이것을 사회과학적으로 보면 대체로 공동체 지향, 사회주의적 지향을 가지고 있다는 말과 같습니다. 그런데도 당신이 공동체적 지향, 사회주의적 지향을 가졌다고 하면 절대로 아니라고 합니다. 한국인은 사회주의가 무엇인지도 잘 모른 채 반공, 사회주의 혐오자로 교육받고 자라기 때문입니다.

민주주의의 기본 이념은 자유와 평등입니다. 자본주의가 민주주의이며 사회주의는 독재라는 말은 자본가들이 만든 말입니다. 자본주의도 독재가 있으며 사회주의도 민주주의가 있습니다. 민주주의는 사회주의 제도나 자본주의 제도와 관계없는 개념입니다. 자본주의든 사회주의든 민주주의를 추구하는 형태와 방식은 크게 차이가 나지만, 각기 나름의 방식으로 민주주의를 추구합니다.

자본주의 사회가 자유와 경쟁을 표방하지만 결국 부익부 빈익빈과 약육강식의 정글논리를 허용하는 사회라는 것을 가릴 수는 없습니다. 차라리 처음부터 학교에서 자본주의는 영화 〈오징어 게임〉처럼 잔인하고 야수 같은 제도라서 국가가 그것을 통제하는 것이 민주주의라고 가르쳐야 하는데, 그 효율성과 장점만 고무 찬양합니다. 대부분의 학생들은 학교를 나온 뒤 현실의 쓴맛을 보고 당하고 나서야 자본주의와 돈 세상의 의미를 절감합니다.

학교서 배운 선진국 환상도 잠시일 뿐, OECD 자살률 1위, 산업재해 1위, 출산율 꼴찌, 복지지출 최하위 등의 현실을 체험하며 사람들의 선한 지향과 가치관은 크게 흔들립니다. 처음엔 그렇지 않지만 살면서 **"나만 낙오자가 아니면 돼", "나는 성공해야 돼", "정치나 사회문제가 나의 성공과 무슨 상관인가?"** 라는 삶의 개인주의적 경향에 점차 익숙해집니다. 사회안전망이 없는 위험한 한국사회에서 나락으로 떨어지는 것은 순식간이라는 걸 절감합니다. 올해도 한국은 예외 없이 자살률 1위를 기록했습니다. 관련 신문기사*를 그대로 인용해봅니다.

> "한국은 2003년 이후 줄곧 OECD 회원국 가운데 자살률 1위라는 불명예를 지키고 있다... 젊은 층의 자살률이 증가하는 것도 큰 문제다. 10~30대 연령층에서는 사망 원인 중 압도적 1위다. 한국생명존중희망재단에 따르면 10~20대는 정신적 어려움, 30~50대는 경제적 어려움, 60대 이상은 육체적 어려움 등이 자살 동기로 작용했다고 한다. 취업난과 자산 양극화 등 경제적 빈곤이나 정신·신체적 장애로 인한 고통이 극단적 선택을 부추기고 있는 것이다.

---

* 「모두가 알면서도 해결 못 하는 OECD 1위 한국 자살률」, 『매일경제』 2022. 07. 27.

사회 공동체의 붕괴 탓도 크다. 가족 해체와 만연한 개인주의로 사회적 네트워크가 제대로 작동하지 못하다 보니 괴롭고 힘든 일이 생겨도 주변의 도움을 얻지 못한 채 막다른 길로 내몰리는 경우가 많다. 최근 '유나 양 가족사건'이 그렇다. 자살은 사회의 건강성을 보여주는 지표다. 한국이 '자살 공화국'으로 전락한 것은 그만큼 우리 사회에 꿈과 희망이 사라지고 있다는 얘기다."

한국 자본주의가 발달하고 공동체가 해체될수록 자살률은 오히려 높아갑니다. 1년에 1만 4천 명 정도의 한국인이 자살한다면 이는 큰 전쟁을 치르는 것과 다르지 않습니다. 자살은 총성 없는 내전입니다. 방치된 내전입니다. 특히 사회의 희망인 청년들의 사망 요인이 1위가 병도 아니고 자살이라는 것은 이 사회에 대한 심각한 경종입니다. 한국사회가 BTS를 자랑하며 열광하는 것도 좋지만 그 대열에서 낙오된 청년들의 절망도 같이 헤아려야 합니다.

그래서 이번에는 공동체주의와 개인주의와 연관된 **'삶의 관점과 삶의 방식'** 이야기를 해보려 합니다. 인생을 어떻게 살 것인가에 대한 관점과 견해를 **'인생관'**이라 합니다. 인생의 가치와 보람을 어디에 두는가의 문제입니다. 사람들은 비록 자신의 인생관이 무엇이라고 정리한 적이 없을지라도 누구나 자신의 인생관이 있습니다.

인생관은 사람이 어떤 사회제도에 태어나는가에 따라 크게 좌우되며, 현대 사회에서는 **개인주의 중심 인생관과 집단주의(공동체주의) 중**

심 인생관이 있습니다. 공동체 지향은 자본주의에도 일부 있고 사회주의에도 있습니다. 공동체주의를 가장 높고 견고한 수준에서 실현하려 한 것이 사회주의적 집단주의입니다. 사람들의 생활방식, 사고방식은 소속집단, 즉 사회제도에 따라 크게 차이 납니다. 게임의 규칙처럼 사회를 운영하는 규칙이 다르면 사람들의 인생관과 사고방식은 하늘과 땅처럼 다르게 됩니다.

집단주의적 인생관은 쉽게 말해 나라와 민족 같은 거대공동체가 잘 되어야 개인도 행복하다는 입장입니다. 자본주의 사회에서는 개인주의적 인생관이 지배적이고 사회주의 사회에서는 집단주의적 인생관(공동체 우선주의)이 지배적입니다. 과거 고려나 조선과 같은 봉건제도 아래에서도 백성과 근로대중 속의 집단주의는 오늘날 자본주의 한국보다 비교적 강했습니다.

빠르게 자본주의화한 한국사회에서 지역 공동체는 서서히 해체되고 서로 모래알처럼 살아가게 됩니다. 1990년 이후 출생한 신세대 한국인들의 사고방식은 자본주의적 개인주의 인생관과 생활방식이 굳어져, 전통적 공동체 정서가 오히려 어색합니다. 한국 오천 년 역사에서 이렇게 개인이기주의가 지배적인 사회 풍조인 적은 처음일 것입니다. 극단적 개인주의는 자본주의의 심각한 부작용입니다.

개인주의적 인생관과 집단주의적 인생관이 서로 충돌하고 혼재하는 것이 현대 지구촌입니다. 사실 오늘날 지구촌에 순수한 자본주의국가도, 순수한 사회주의 제도 국가도 드뭅니다. 이상적 공동체주의를 지향한 사회주의에 대한 인류의 실험은 이제 겨우 백 년 정도로 갓 시작되어 우왕좌왕 합니다. 러시아처럼 사회주의로 갔다 국가자본주의로 다시 후퇴하기도 하고, 중국처럼 사회주의 정권에 자본주의 시장원리를 혼합해 '**중국특색의 사회주의**'로 운영하기도 합니다.

자본주의 나라들도 마찬가지로 국가가 시장을 고전적인 애덤 스미스(Adam Smith)의 이론처럼 '**보이지 않는 손**'에 맡겨 방치하는 국가는 하나도 없습니다. 1930년대 존 메이너드 케인스(John M. Keynes)의 '수정자본주의(케인스주의)' 제안 이래로, 현대 자본주의는 국가의 도움 없이는 생존할 수 없는 사실상 혼합자본주의입니다. 또 자본주의 나라가 필요에 따라 사회주의적 요소를 도입하는 것은 오늘날 지구촌에 너무 자연스러운 현상입니다.

사회주의와 집단주의가 개인의 생활을 무시한다는 것은 자본주의 국가들의 진부한 이데올로기 정치공세입니다. 인간이 '사회적 존재'라는 말과 인간이 '집단적 존재'라는 말은 원래 같은 개념입니다. 집단주의나 공동체주의가 집단의 이익을 우선시하는 이유는 개인의 행복과 생활도 그 집단의 문제에 의해 비로소 근본적으로 해결되기 때문입니다.

집단주의의 원칙은 "**전체(국가)는 하나(개인)를 위하여, 하나는 전체를 위하여**"라는 구호에 잘 요약되어 있습니다. 만약 집단주의가 국가나 민족을 명분으로 개인의 희생만 강요한다면 그것은 집단주의가 아니라 히틀러처럼 집단명분을 악용한 '**전체주의**'라 합니다. **전제주의는 집단을 이용한 이기주의이며, 건강한 집단주의와 관련이 없습니다.**

가령 사회주의 나라에서는 국가가 집단을 대표하며, 국가가 주택과 교육, 일자리를 국민에게 무상으로 제공하는 것을 목표로 합니다. 따라서 나라가 부강하면 좋은 집에서 잘 살고 나라가 가난하면 좁은 집에서 살게 됩니다. 물론 능력에 따라 개인재산과 직업에 일정 차등은 있지만, 같이 잘살고 같이 못사는 편이지, 집이 없는 사람도 없으며 큰 집 가지고 자랑하는 사람도 거의 없게 됩니다.

사회주의 나라라서 가난한 것이 아니라 부강한 사회주의가 못되면 경제적으로 어려울 수 있습니다. 가난한 자본주의가 있듯이 부유하지 못한 사회주의도 당연히 존재합니다. 그렇다고 사회주의는 전부 가난하며 앞으로도 그럴 것이라는 저주는 자본주의의 정치공세입니다. 사회주의를 나쁘다고만 들어온 한국인들은, 사회주의 국가가 무상주택, 무상의료, 무상교육, 100% 일자리 제공한다는 것을 아무리 얘기해도 믿지 않을 것입니다. 백문이 불여일견이라고 남과 북은 같이 만나서, 서로 무엇이 잘 되어 있고 무엇인 문제인지 서로 다른 제도의 장단점을 체험해야 합니다.

자본주의 사회에서 대다수 사람들은 생계와 생활의 모든 문제를 개인이 노동력을 팔아 월급으로 해결합니다. 자본주의 국가는 늘 '작은 정부'를 외치며 자본과 시장 뒤에서 뒷짐을 지고 있습니다. 한국인들이 **'개인주의적 인생관'**이 지배적인 것은 원래 한국인 인성이 그래서 그런 것이 아닙니다. 한국 자본주의 게임의 규칙이 그렇기 때문입니다. 반면 사회주의는 국가가 **'가장(家長)'**입니다. 국가가 국민에게 일자리를 제공하고 생활급여를 주며 국가가 국민생활을 기본적으로 책임집니다. 아마 남쪽에서 도무지 이해 할 수 없는 점이 이것일 겁니다.

한 달 벌어 한 달 먹고 사는 대다수 한국 사람들에게 가장 큰 문제는 직장과 생계문제일 것입니다. 나라의 경제가 발전해도 금수저로 태어난 사람은 더 잘 살고, 흙수저로 태어나 못 배우고 없는 사람은 뼈 빠지게 일해도 지상에 집 한 채 장만 못 하고 평생 이사 다니는 인생이 부지기수입니다. 청년들이 빚으로 집을 얻어도 실제 집주인은 사실상 은행입니다. 다르게 살 방법이 없기에 그렇게 살다보면 '인생은 원래 고해이며 그런 것이다'라고 생각합니다.

언론과 학교에서는 이러한 문제를 사회구조의 문제가 아니라 개인의 능력문제로만 돌립니다. 불평등은 **'능력주의'** 사회에서 불가피하다고 설교합니다. 개인 고통과 불행의 해결의 근본 열쇠가 개인보다 오히려 집단과 정치문제 해결에 있다는 것을 학교는 가르쳐 주지 않습니다. 한국사회에서 공동체에 대한 관심과 참여는 매우 약하며, 한국인의 인생관이 개인주의나 이기주의를 벗어나기도 쉽지 않습니다. 그러나 생각해보면 집단(공동체)과 개인의 삶에 대한 균형과 조화는 피할 수 없는 인간의 본성입니다.

사람이 인생을 마치며 인생의 보람과 의미를 평가할 때 중요하게 돌아보는 것 중 하나는 개인의 사회(공동체)에 대한 기여도입니다. 사람들은 혼자만 경쟁에 이겨 잘 먹고 잘 산 사람을 잘 살았다고 하지 않습니다. 물론 못 먹고 경쟁에 뒤져 실패해 고통스럽게 인생을 마감한 사람보다야 좀 편했다고 할 수 있지만, 그 인생을 행복하고 의미 있게 잘 산 인생이라고 평가하지는 않습니다. 빼앗고 받는 것보다 주는 것이 더 행복할 수 있다는 것은 인간만이 가진 숭고한 특성입니다.

우리나라의 가까운 역사를 봐도 이순신, 최영, 정약용, 곽재우, 박지원, 김옥균, 전봉준, 홍범도, 류관순, 안중근, 윤봉길, 여운형, 이회영 형제들 등을 높게 평가하는 이유는 나보다는 공익과 사회를 위해 싸우고 업적을 남긴 사람들이기 때문입니다. 또 영웅이나 위인까지는 아니더라도 수많은 이름 없는 독립 항일 전사들, 전태일 같은 평범한 노동자, 박종철, 이한열 등 군사독재에 맞선 학생들, 일상 속에서 남을 구하기 위해 자기 목숨을 희생한 소방관들, 시민들처럼 평범하게 살더라도 나름대로 사회를 위해 헌신한 이름 없는 영웅들은 수없이 많습니다.

그렇게 보면 어떤 사람의 삶의 보람과 의미에 대한 평가에서 가장 중요한 문제는 개인의 성취와 사회집단에 대한 도움과 공헌 문제를 어떻게 조화시키는가의 문제로 볼 수 있습니다. 그가 개인적으로 유복하고 편하게 살았는가 하는 개인적 행복은 오히려 부차적 기준입니다. 그런데도 막상 사람들은 살면서 좀 더 큰 사회집단에 기여하는 보람과 행복에 대해서는 별로 관심이 없습니다. 아니 관심 없도록 사는 인생관을 강요당했다고 보는 편이 정확할 것입니다.

한국사회 언론과 사회풍조는 경쟁에서 이긴 개인의 성공담과 서민갑부를 주로 찬양하지, 공동체를 위한 사회집단의 병폐와 악습을 제거하기 위해 앞장서 나선 윤석양 이병,* 이지문 중위,** '미투운동'의 서지현 검사처럼 양심선언한 사람을 오래 기억하거나 인생의 모범으로 삼지 않습니다. 좋은 일 한다고 나서면 인생이 꼬이고 언제나 손해를 보기 때문입니다. 그러나 그들에게 물어보면 다시 살아 똑 같은 상황이 오더라도 같은 선택을 했을 것이라고 말합니다. 역사는 손해보고 찌그러진 그들의 인생을 영원히 기억합니다. 인생의 아이러니입니다.

---

* 1990년 4월, 보안사 불법사찰 폭로사건
** 1992년 3월22일 군 내부의 부재자투표 비리를 폭로

벼

이성부

벼는 서로 어우러져
기대고 산다.
햇살 따가워질수록
깊이 익어 스스로를 아끼고
이웃들에게 저를 맡긴다.

서로가 서로의 몸을 묶어
더 튼튼해진 백성들을 보아라.
죄도 없이 죄지어서 더욱 불타는
마음들을 보아라. 벼가 춤출 때,
벼는 소리없이 떠나간
벼는 가을하늘에도
서러운 눈 씻어 맑게 다스릴 줄 알고
바람 한 점에도
제 몸의 노여움을 덮는다.
저의 가슴도 더운 줄을 안다.

벼가 떠나가며 바치는
이 넓디넓은 사랑,
쓰러지고 쓰러지고 다시 일어서서 드리는
이 피묻은 그리움,
이 넉넉한 힘….

김장하 선생님의 인생을 소개합니다. (강ㅇ윤 님 페북 글)

현 싯가 2000억짜리 학교법인을 국가에 헌납하신 분이 있다. 학교를 세운 뒤 돈벌이에 혈안이 된 사학들이 판치는 세상. 그런데 자신이 설립한 학교를 조건 없이 국가에 헌납하신 분이 있다. 학교 재산이 개인의 것이 될 수 없다는 신념 때문이었다. 진주의 김장하 선생님이다. 선생님은 평생 자동차를 가져 본 적 없었고 여전히 버스를 타고 다니신다..

선생님께서는 1984년 진주 명신고등학교를 설립(학교법인 남성학숙)하신 뒤 이사장으로 계시다가 1991년 국가에 헌납하셨다. 당시 학교법인의 자산 가치는 100억 원, 지금의 화폐 가치로 계산하면 2000억에 달한다. 학교 옆에 푸르지오, 해모루 등의 아파트 단지가 들어서 있기 때문에 추정 가능하다.

그런 막대한 재산을 아무 조건 없이 헌납하셨던 것이다. 당시 수많은 언론들이 인터뷰를 요청했지만 모두 거절하셨다. 선생님은 자신의 이야기가 공개되는 걸 극도로 꺼려하셨다. 지금도 마찬가지다. 겸양은 나그네가 선생께 배운 가장 큰 덕목이다.

선생님은 선대로부터 막대한 재산을 물려받았던 것도 아니고 큰 사업을 해서 성공한 엄청난 재력가여서 많은 재산 중 일부를 기부한 것도 아니었다. 전 재산을 들여서 세운 학교를 미련 없이 국가에 헌납하셨다. 명신고등학교 설립 후에도 학생들을 위해 자신이 살던 집을 팔아 도서관과 체육관을 지어 주기도 하셨다.

선생님은 1962년 최연소(19세)로 한약종상(한약업사) 자격을 취득하신 뒤 진주에서 남성당 한약방을 운영하셨다. 인술을 베풀며 모은 돈으로 학교를 설립했고 운영했으며 끝내는 국가에 헌납까지 하셨다. 그것도 아주 젊은 나이에. 40세에 학교를 설립하셨고 48세에 헌납하셨으니 그 무욕의 삶을 누가 감히 따라 할 수 있으랴.

한약방을 해서 그토록 큰돈을 모을 수 있을까 싶겠지만 스무 살부터 명의라는 소문이 나 한약방엔 손님들이 줄을 섰다. 한약왕으로 명성이 자자했을 정도다. 그렇게 벌어들인 돈으로 학교를 설립하고 운영하고 장학금을 주는데 다 썼다. 어느 종교인도 어느 교육자도 감히 흉내 내기 어려운 보살행이었다.

김 선생님은 학교가 개인의 재산이 될 수 없다는 신념과 함께 자신의 재산이 세상의 병든 이들에게 약을 팔아서 생긴 것이니 자기 개인이나 가족을 위해 쓰여서는 안 된다고도 생각하셨다.

"본질적으로 이 학교는 제 개인의 것일 수 없는 것입니다. 본교 설립의 모든 재원이 세상의 아픈 이들에게서 나온 이상, 이것은 당연히 공공의 것이 되어야 함이 마땅합니다." (김장하 이사장 퇴임사 중)

선생은 명신고 헌납 이후에도 한약방을 하며 재산이 모이는 족족 사회에 환원하는 삶을 사셨다. 학교를 떠난 뒤에도 남성문화재단을 설립해 어려운 학생들에게 꾸준히 장학금을 지급하시며 후학들을 길러내셨다.

문형배 헌법재판관도 선생님께 장학금을 받아 대학을 마친 많은 학생 중 한 명이었다. 문 헌법재판관이 사법고시에 합격한 후 김장하 선생님께 인사를 드리러 갔을 때 일화도 감동적이다.

"선생님이 아니었더라면 오늘의 제가 없었을지도 모릅니다. 감사드립니다."

"내가 아니었어도 자네는 오늘의 자네가 되었을 것이다. 만일 내가 자네를 도운 게 있다면 나에게 감사할 필요는 없다. 나는 사회에서 얻은 것을 사회에 돌려주었을 뿐이니 자네는 내가 아니라 이 사회에 감사해야 한다."

어느 시공간에 이보다 더 훌륭한 스승이 있겠는가? 노무현 대통령이 후보 시절 남성당 한약방에서 김장하 선생님을 만나 50분간 이야기를 나눈 적이 있었다. 만남이 끝난 후 노 후보는 수행원에게 말했다 한다. **"참 좋은 분을 만났네. 정말 좋은 분이시다. 정치인을 만나 훈수를 하지 않으신 분은 처음이다."**

노 대통령은 당선 직후 부산의 한 행사에 선생님을 초대했다. 하지만 김장하 선생님은 끝내 가지 않았다. 선생은 그런 분이었다. 그밖에도 선생님은 형평운동기념사업회 이사장, 지리산생명연대 공동대표, 진주오광대보존회 후원회장, 지리산살리기국민행동 영남대표, 진주환경운동연합 고문, 진주문화연구소 이사, 경상국립대학교 남명학연구 후원회장, 경상국립대학교 발전후원회장, 경상국립대학교 남명학관 건립추진위원장 등을 맡아 시민운동과 지역사회, 진주문화, 경상국립대

학교 등의 발전에도 크게 기여하셨다. 진주신문과 민족문제연구소 등의 단체에도 아낌없이 후원하셨다. 알려지지 않은 후원도 부지기수다.

그뿐만이 아니다. 선생님은 2000년 사재를 털어 설립한 남성문화재단을 해산하며(이사회 결의) 35억의 재단 기금을 경상국립대 발전기금 재단에 지정 기탁하시며 온전한 빈손이 되셨다. 이사장으로 더 계셔도 될 것을 깔끔하게 정리해 버리신 것이다. 이달 말이면 60년 동안 일해오신 남성당 한약방도 문을 닫으신다.

모든 것을 세상에 다 돌려주고 자신은 낡은 방 한 칸에 사시는 선생님. 세상 어디에 선생님 같은 의인이 또 계실까? 어디에 선생님 같은 참교육자가 또 있을까? 선생님보다 무소유를 더 온몸으로 실천하는 교육자나 종교인이 누가 또 있을까? 선생님이야말로 이 시대의 가장 큰 어르신이라 감히 말한다.

6 개인주의 인생관, 어항 속 금붕어 삶

개인주의적 인생관은 우리에게 매우 익숙하며 자본주의 사회에서 가장 흔한 삶의 방식입니다. 이는 쉽게 말해 모래알처럼 흩어져 사는 '**모래알 인생관**'입니다. 자본주의 최상층 계급은 정치, 언론, 군산복합* 유착관계(Cartel)와 연결망(Network)을 단단히 결속시킨 반면에 개인은 각자 반짝이는 보석으로 위안하며 이유도 알 수 없는 무한 생존경쟁을 숙명으로 알고 버티며 살아갑니다. 또 각자의 어항 속에 금붕어처럼 가족과 개인이란 테두리 밖의 세상에 대해 큰 관심이 없게 길들여져 삽니다. 애니메이션 만화영화 〈니모를 찾아서〉처럼 바다에서 살아야 할 물고기 '니모'가 어항에 잡혀있는 상황과 같습니다.

인류역사 전체를 보면 이렇게 개인주의가 팽배해 어항 속에 갇혀 각자 사는 사회는 아주 보기 드문 현상입니다. 도시에 수백 만이 모여

---

* 군산복합체(軍産複合體, Military Industrial Complex); 독점자본가의 지배를 위해 군사력을 증강시키려는 군사동맹과 산업독점체, 군사집단 그리고 고위 정부 관료들의 결합체를 흔히 군산복합체라고 부른다. 이 동맹의 물적 기초는 무기경쟁과 군수산업의 확장에 의해 달성된다. 특히 제2차 세계대전 이후 미국의 군산복합체는 급속한 속도로 성장하였다. 군산복합체는 강력한 힘을 지닌 집단으로 성장하여, 정치·경제뿐만 아니라 사회의 다른 영역에도 막대한 부정인 영향을 미친다. (『경제학 사전』, 노동자의 책)

살지만, 이렇게 옆에 누가 사는지도 별 관심도 없고 각기 TV만 보고 살며 그것을 당연하게 여기는 것은 대단히 이례적 사회현상입니다. 인간의 삶은 원래 돌도끼로 생활하던 원시문명부터 단합과 협력을 바탕으로 한 공동체 중심의 삶을 살았습니다. 사람은 혼자 살 수 없으며 처음부터 더불어 같이 사는 존재입니다. 문제는 이렇게 갈수록 개인주의가 심화되는 사회가 사람본성에 과연 맞으며 지속가능성이 있는가의 문제입니다.

문명 다큐멘터리 프로그램을 보면 외딴 오지문명이 현대인의 삶보다 더 인간적이며 서로협력하며 존중하는 순박한 삶을 살아가는 모습을 발견하게 됩니다. 한때 세계인의 행복지수*라는 것을 만들었는데 부탄이 1위를 기록해 충격을 준 적이 있습니다. 멀리 가지 않더라도 한국드라마 〈응답하라 1988〉, 〈응답하라 1994〉를 보며 도시에서조차 가난했던 그 시절에서 더 사람 사는 인간미를 느끼는 것은 그런 이유입니다. 이른바 GDP와 선진국병에 걸린 나라들의 행복이 실제 인간의 행복과 더불어 사는 본성과는 동떨어진 개념이라는 것을 보여줍니다.

사기업과 개인의 이윤을 최우선시하는 자본주의 사회의 가장 큰 모순은 부익부 빈익빈이며, 동시에 이러한 거대한 개인이기주의를 법적 윤리적으로 정당화하는 것입니다. 전 세계 상위 1% 부자들의 재산이 나머지 99%의 재산을 합친 것보다 많아진 것으로 나타났다고 합니

---

* 지금은 이 행복지수도 여러 기관에서 만들어 유럽선진국을 다시 최상위로 올려놓았습니다.

다. 또 최상위 부자 62명의 재산이 하위 50% 전체의 재산과 동일해졌다고 합니다.* 한국 상위 10%의 재산 보유분이 전체 재산의 거의 60%인 반면, 하위 50%의 보유분은 6%에 지나지 않습니다. 문제는 이렇게 원천적으로 불공정한 제도와 규칙이 앞으로 지속가능할 수 있으며, 인류가 사회를 만든 이유와 인간본성에 과연 맞는가 하는 점입니다.

사람들은 자본주의 사회에서도 다양한 형태로 순응하고 때로는 자기도 모르게 그에 저항하며 살아갑니다. 파괴되는 공동체에 대한 관심과 그에 대한 저항은 사회적 존재인 인간의 본성이기 때문입니다. 때로 모든 것을 떠나 자연인으로 산속에 살기를 갈망하기도 합니다. 원래 사회가 싫어서 자연인이 된 것이 아니라, 자본주의적 삶에 심신이 지쳐서 고립된 산과 자연을 선택하기도 합니다. 진정한 개인존중 사회는 개인이기주의 사회가 아니라 집단의 이익을 우선시하면서도 개인의 이익을 조화시키는 사회입니다. 결국 이것이 정상적으로 실현되지 못할 때 자본주의를 살아가는 방식도 몇 가지 유형의 인생관으로 진화합니다.

1) '체념적 순응형' 인생관

이 인생관은 가장 많은 일반적 사람들의 유형입니다. 세상은 원래 잘난 놈, 가진 자들의 세상이며 세상은 크게 변하지 않는다고 생각합니

---

* 연합뉴스 2016년 1월 8일 기사.

다. 이 숙명을 인정하고 대신 지켜야 할 가치를 개인이 실현 가능한 범위와 가족에서 찾습니다. 개인적으로는 성실한 사람이 많으며 가족과 혈연적 친인척 관계에 충실합니다. 기독교, 불교 등 종교 지향적 경향이 많고, 회사나 작은 단위 모임에 성실합니다. 대체로 정치적으로 무관심하고 취미생활과 이른바 '소확행'(작지만 확실한 행복)에 관심이 큽니다.

생각과 인간관계의 범위가 가족, 일터, 친척, 주변 친구 모임 등으로 제한적이고 좀 더 넓은 정치, 사회문제나 사회운동에는 관심이 별로 없습니다. 또 신경 쓸 경제적 여유도 별로 없습니다. 일반적으로 대세추종형이며 개인과 가족을 위해 사는 것이 인생 목표이고 나머지는 쓸모없다고 생각하는 경향이 강합니다.

2) '적응형 지배주의' 인생관

자본주의 사회의 자본중심, 돈 중심, 개인이기주의 생리를 경험으로 체득하고 적응한 처세유형입니다. 적응을 넘어 이를 자기 신조로 여기며 활용해 나가기도 합니다. 이것이 심하면 '이기적 인간지배형'으로 발전합니다. 이들은 사람을 기본적으로 잘 믿지 않으며 돈과 이익의 흐름에 따라 적재적소에 재부와 사람을 다루고 배치하는 능력을 최고의 능력으로 평가합니다.

과정보다 결과를 중시합니다. 수단과 방법을 가리지 않으며 결과가

좋으면 그만입니다. 이러한 사상을 철학에서는 실용주의적 인생관이라고도 합니다. 거대 자본가, 중견자본가, 부동산 졸부, 보수정치인들에게 이런 유형이 많이 나타납니다.

체념적 순응형이 인간관계를 중시하는 반면에, 이 유형은 인간관계도 상품처럼 달면 취하고 쓰면 버리는 성공과 이익중심의 관계를 주로 맺습니다. 가족문제나 가족관계도 주로 사람의 내면세계에 무관심하며 깊이 헤아려본 적이 없고, 주로 돈으로 해결하려는 경향이 강합니다. 친구, 주변관계도 성공과 돈으로 주로 재단하기에 돈 없는 사람을 무시하며 경제적 사업관계나 개인취미 동호회 관계가 대부분입니다. 이러한 유형이 오히려 정치나 사회문제에 관심이 있으며, 개인적으로 성공하면 보수정계로 진출하는 경우가 흔합니다.

3) '심리적 저항형' 인생관

자본주의 체제의 돈 중심, 개인이기주의 생리가 기본적으로 체질에 맞지 않는 유형의 사람들입니다. 인간관계를 중요시하고 집단과 사회공동의 가치도 중요시합니다. 사람을 돈이나 성공만으로 재단하지 않으며 있는 그대로의 사람들을 존중하는 경향이 강합니다. 인기가수 아이유가 주인공인 드라마〈나의 아저씨〉의 주인공 '박동훈'(이선균 분)의 성향이 이와 비슷합니다. 심리적으로 이러한 경향의 사람은 많지만 실제 삶의 가치관으로 이를 실천하는 사람은 그리 많지 않습니다.

소극적 심리저항유형의 사람들은 세상에 소금 같이 건강한 소시민으로 살아갑니다. 자기보다 남을 배려하는 이타형 인간이 많으며, 사회봉사활동을 좋아하는 사람도 대부분 이러한 유형의 사람들입니다. 때때로 사회의 부조리를 고발하고 용기를 내어 양심선언도 하며, 불합리한 사회 환경을 개선하자고 나서기도 합니다.

적극적 사회 저항유형은 인생을 살며 어떤 계기로 사상과 사회운동을 경험하고 사회운동을 결심하고 참여한 사람들입니다. 사회의 모순을 집단과 전체의 관점에서 해결하려는 유형입니다. 사회운동가들과 개혁가, 혁명가들이 그들입니다. 이들은 종교적 사명과 같은 소명의식을 갖고 있습니다. 조선시대에는 정여립, 허균, 박지원, 정약용, 최제우, 전봉준 같은 사회개혁가, 일제강점기로 얘기하면 항일독립운동가 같은 분들입니다. 새로운 아래로부터의 맑은 민중정치를 만들려고 하는 사람들입니다. 당연히 이러한 사람들을 지지하는 사람은 대단히 많으나, 이러한 사람들이 처음부터 많지는 않습니다.

한국사회에 '체념적 순응형' 인생관이 가장 많은 것은, 부드럽게 진행되는 거대한 자본주의 개인주의 문화와 사상통제 시스템에 사람들이 자연스럽게 순응하며 살고 있기 때문입니다.

어느 날 고궁(古宮)을 나오면서

김수영

왜 나는 조그마한 일에만 분개하는가
저 왕궁(王宮) 대신에 왕궁(王宮)의 음탕 대신에
오십(五十) 원짜리 갈비가 기름덩어리만 나왔다고 분개하고
옹졸하게 분개하고 설렁탕집 돼지 같은 주인년한테 욕을 하고
옹졸하게 욕을 하고

한 번 정정당당하게
붙잡혀간 소설가를 위해서
언론의 자유를 요구하고 월남(越南)파병에 반대하는
자유를 이행하지 못하고
이십(二十) 원을 받으러 세 번씩 네 번씩
찾아오는 야경꾼들만 증오하고 있는가

옹졸한 나의 전통은 유구하고 이제 내 앞에 정서(情緒)로
가로놓여 있다
이를테면 이런 일이 있었다
부산에 포로수용소의 제사십야전병원(第四十野戰病院)에 있을 때
정보원이 너어스들과 스폰지를 만들고 거즈를
개키고 있는 나를 보고 포로경찰이 되지 않는다고

남자가 뭐 이런 일을 하고 있느냐고 놀린 일이 있었다
너어스들 옆에서

지금도 내가 반항하고 있는 것은 이 스폰지 만들기와
거즈 접고 있는 일과 조금도 다름없다
개의 울음소리를 듣고 그 비명에 지고
머리에 피도 안 마른 애놈의 투정에 진다
떨어지는 은행나무잎도 내가 밟고 가는 가시밭

아무래도 나는 비켜 서 있다 절정(絶頂) 위에는 서 있지
않고 암만해도 조금쯤 옆으로 비켜서있다
그리고 조금쯤 옆에 서 있는 것이 조금쯤
비겁한 것이라고 알고 있다!

그러니까 이렇게 옹졸하게 반항한다
이발쟁이에게
땅주인에게는 못하고 이발쟁이에게
구청직원에게는 못하고 동회직원에게도 못하고
야경꾼에게 이십(二十) 원 때문에 십(十) 원 때문에 일(一) 원 때문에
우습지 않으냐 일(一) 원 때문에

모래야 나는 얼마큼 적으냐
바람아 먼지야 풀아 나는 얼마큼 적으냐
정말 얼마큼 적으냐……

전남 여수, 향일암(向日岩)

7   욕망은 버리는 것이 아니라 바꾸는 것이다

요즘 유행하는 TV 심리상담 프로그램이나 유명한 스님들이 하는 말을 들어보면 대체로 욕망을 버리라고 합니다. 법정 스님은 무소유를 주장했습니다. 자본주의 경쟁과 물욕에 지친 사람들에게 한편으로 일리 있는 이야기 같기도 합니다. 한쪽 시장에서는 개인 욕망대로 살라고 부추기고, 또 한편 인생치유 이야기는 욕망을 버리라 합니다. 욕망과 욕구는 나쁜 것일까요? 자본주의적 삶의 대안으로 사람이 욕구와 욕망을 잠재우는 게 과연 바람직한 삶일까요?

일견 타당해 보이지만 사람이 욕망과 욕구 자체를 버리는 것이 불가능하며 그것이 삶의 대안도 아닙니다. 무엇을 얻거나 무슨 일을 하고자 바라는 마음이 욕망입니다. 사람의 요구는 마음속 구체적 욕망으로 드러납니다. 요구의 구체적 표현이 욕구(欲求), 의욕(意慾), 욕망(慾望)입니다. 욕구와 욕망은 결코 나쁘거나 더러운 것이 아니라 오히려 사람이 살아있는 증거이며 삶의 동력입니다.

사람이 신이나 그 피조물이 아닌 이상, 사람의 인생과 생활자체는 욕망 덩어리이며 이것을 부정할 이유는 없습니다. 근대 유럽은 신을 죽여 인간의 금욕주의를 내다버리게 하고, 대신 인간을 자본주의적 욕망으로 채웠습니다. 그러나 욕망을 부정하는 것도 자본주의적 욕망을 채우는 것도 인생의 답을 주지 못합니다. 욕망을 버리는 것이 의미 있는 인생이 아니라 **건강한 욕망을 갖고 사는 것이 참된 인생**일 것입니다. 문제는 욕망자체가 아니라 욕망의 내용이 문제입니다. 욕망은 버리는 것이 아니라 바꾸는 것입니다.

그러면 어떤 욕심과 욕망을 버리고 어떤 욕망과 욕심을 키워야 하나요? 결론부터 말하면 자본주의가 끝없이 만들어내는 개인이기주의적 욕망과 끝없는 상품 소비욕은 줄이고 공동체적 욕망, 자주적 욕망을 늘리는 것입니다. 자본주의의 학교는 개인주의 가치관과 생활방식을 세련된 현대적 삶으로 찬양할 뿐, 그 성공과 성취 욕망의 공허함과 한계를 가르쳐주지 않습니다.

사실 자본주의는 사람을 그냥 가만히 놔두지 않습니다. 끝없이 재테크건 부동산이건 자동차이건 자본주의 소비와 욕망게임에 들어오라 충동합니다. 늘 경쟁하고 필요이상으로 무엇을 탐욕하게 만듭니다. 그것을 따라가지 않을 때 무언가 뒤떨어지고 허전하게 만듭니다. 다수 근로대중은 월급이 자신의 사회등급도 드러낸다고 생각합니다.

자본주의가 낳은 욕망은 돈에 대한 과다한 집착, 성공과 개인출세를 위해 수단과 방법을 가리지 않고 물건과 사람을 소유하고 지배하려는 탐욕으로 습관화 됩니다. 돈은 이제 수단이 아니라 어느새 인생의 지상 목표로 변합니다. 돈이 없어도 돈의 노예가 되지만, 돈을 벌어도 그 욕심은 끝이 없기에 자기도 모르게 소비의 노예, 돈의 노예가 됩니다. 자본주의는 적당히 노동하여 살만큼 벌라고 하지 않습니다. 돈의 크기가 인격이고 능력의 크기로 간주되는 세상이기 때문입니다.

자본주의 사회가 주기적으로 만드는 신상품과 유행의 유혹을 사람들은 쉽게 이기지 못합니다. 유행과 충동구매의 노예가 되어 불필요한 옷과 명품을 자주 삽니다. 휴대전화나 차가 쓸 만한데도 교체합니다. 고급차, 명품, 다주택 소유는 돈으로 사람의 가치를 포장하고 인정받고 싶어 하는 습성에서 나옵니다. 그 명품은 세련되고 현대적인 것이 아니라 자본주의 허영과 과시문화일 뿐입니다.

사랑도 하나로 만족하지 못합니다. 사람도 물건처럼 한 사람을 진심으로 사랑하는 법을 배운 적이 없습니다, 결혼도 상품처럼 경제적, 외적 조건을 보고 이루어지는 게 다반사입니다. 그래서 아내와 남편도 사이가 틀어지면 상품처럼 쉽게 새로 바꾸고 싶어 합니다.

국회의원이 불법으로 자식 채용을 청탁하고, 고급공무원이 아들의 군대를 편법으로 면제시키고, 자식을 명문대로 보내기 위해 가짜논문을 만드는 일 등에도 주저함이 없습니다. 이기주의적 가정은 가족의 전통이 되어 이기적인 자녀를 계속 재생산합니다. 가족을 사랑하지 않는 사람이 이웃과 인류를 사랑한다는 것은 어불성설입니다. 그러나 자본주의 사회에서 내 가족만 사랑하는 것은 또 다른 개인이기주의의 연장입니다.

인간적으로 사람답게 살려는 욕망, 그것을 다르게 표현하면 '**자주적 욕망**'이라고 합니다. 자주적 욕망은 사람이 자본주의 사회의 부속품으로, 노동력을 파는 생산자와 상품 소비자를 넘어 공동체의 주인, 주체로 더불어 살고자 하는 건강한 욕망입니다. 자주적 욕망은 사실 모든 사람들에게 내재된 욕망입니다. 사람은 주어진 대로 피동적으로 사는 것이 아니라, 주인으로 살 때 가장 삶의 의욕과 열정이 살아나기 때문입니다. 그러나 이는 감추어진 억압된 욕망이기도합니다.

소설 〈로빈슨 크루소〉나, 영화 〈캐스트 어웨이〉처럼 집단이나 사회와 분리된 인생에서 주인은 있을 수 없습니다. 삶의 행복과 의미는 사실 모두 사회와 집단으로부터 나온다는 이야기입니다. 선한 사람과 악한 사람, 유능한 사람과 무능한 사람, 애국자와 매국노 등은 모두 사회적 가치이며 평가입니다. 이러한 집단적, 사회적 평가에서 자유로운 사람은 아무도 없습니다. 그래서 사람을 '**사회적 존재**'라 하며 사실 사람의 자주적 욕망은 본질적으로 '**사회적 욕망**'입니다.

한국인이 가장 고민하는 문제인 일자리와 집 문제만 해도 그렇습니다. 일자리와 기본 생활임금을 국가가 주고 쓸 만한 주택을 국가에서 공급하는 정책은 꼭 사회주의 정부가 아니더라도 국민이 원하고 투쟁하면 자본주의하에서도 충분히 실현 가능합니다. 건설사와 친재벌 보수언론들은 이러한 공공정책이 노동시장과, 건축시장에서 기업 이윤축소를 가져오기에 이를 '**반시장 사회주의 정책**'이라며 전면 공격하며 집중포화를 들이댑니다. 하지만 국민과 근로대중들이 이런 정책을 싫어할 하등의 이유는 없습니다. 만약 그것이 사회주의적 정책이라면 대중이 단지 사회주의 정책이라는 이유로 반대할 이유가 과연 있을까요? 그것이 남의 알을 품고 사는 '**십자매 사상**', '**노예사상**'이 아니라면 무엇으로 설명할까요?

당연히 세상의 주인으로 살려는 자주적 요구는 공동체적 욕망을 키우게 됩니다. 공동체적 욕망은 사실 그리 거창한 욕망도 아닙니다. 그것은 보통사람들이 오지랖 넓게 남의 삶을 자기 일처럼 걱정하고 같이 고민하고 해결하려는 소박한 의욕에서 출발합니다. '어디선가 누군가에 무슨 일이 생기면 틀림없이 나타난다.'라는 영화 〈홍반장〉의 주인공처럼 말입니다. 너무 참견하지 말라고 하지만 사실 이러한 남과 집단에 대한 관심은 인간적이고 인간의 사회적 본성에서 나온 사람의 선한 속성입니다. 오히려 '개입하지 말고 네 일이나 고민하라'는 사고방식이 자본주의적 개인주의와 부합하는 모래알 같은 생각입니다.

종교적 절제나 '무소유'가 자본주의적 욕망에 대한 소박한 개인적 저항이라면, 다양한 대안사회운동은 보다 적극적 태도입니다. 이는 사회와 집단의 발전을 저해하는 문제를 해결하는 과정을 통해 사회구성원 전체의 이익을 도모하고 개선하려는 건전한 욕망에서 시작됩니다. 그러나 보통사람들의 건전한 욕망과 본성도 근로대중을 위한 바른 사상과 결합되지 않으면 소박한 오지랖을 결코 넘어서지 못합니다.

자본주의 논리가 지배적인 사회에서도 사람들에게는 두 가지 대립되는 욕망이 공존합니다. 마음 저변의 인간다운 삶, 인간적 공동체 지향 욕망도 있으며 현실적 물욕 자본주의에 순응하는 개인주의적 욕심도 있습니다. 두 가지 욕망과 욕구가 매일 대립하며 충돌하는 것이 사람의 인생입니다. 그럼에도 자본주의 문화와 제도에 의해 억압당하는 자주적 욕망, 다양한 소박한 공동체 지향의 욕망들은 결국 필연적으로 하나로 분출하며 모아질 수밖에 없습니다. 공동의 선을 추구하는 것이 다수 인간의 본성이기 때문입니다.

자본주의 보수철학과 사회학은 인간을 동물적 이기적 존재라고 규정합니다. 인간이 이기적 존재여야 이기적 자본주의가 영원할 수 있기 때문입니다. 그러나 인간은 원래 이기적 존재가 아니라 공동체를 지향하는 선한 존재입니다. 사람은 오래전 원시사회를 만들 때부터 오지랖 넓게 협동과 단합을 선호하는 집단주의적 존재입니다. 드라마 〈오징어 게임〉처럼 사람이 이기적인 것이 아니라, 자본주의, 시장 만능주의 법과 규칙이 이기주의적인 것입니다.

사회가 없었다면 인간도 탄생할 수 없었습니다. 사람을 미워하는 것이 사람의 본성이 아니라, 사람을 좋아하고 더불어 살려는 것이 인간의 본성입니다. 과거의 다양한 인간 사회제도가 발생하고 수명을 다하고 사라지듯, 긴 역사적 시각에서 보면 사람본연의 인간적 욕망, 자주적 욕망을 억압하는 어떤 제도도 살아남을 수 없을 것입니다. 인간의 선한 사랑과 욕망을 억압하고 막는 것은 일시적으로 가능할지 몰라도 긴 역사와 시간 앞에서는 불가능하기 때문입니다.

지금 사랑하지 않는 자, 유죄

나희덕

나는 한때
나 자신에 대해 지독한 보호본능에 시달렸다
사랑을 할 땐 더더욱 그랬다
사랑을 하면서도
나 자신이 빠져나갈 틈을 여지없이 만들었던 것이다
가령,
죽도록 사랑한다거나
영원히 사랑한다거나
미치도록 그립다는 말은 하지 않았다
내게
사랑은
쉽게 변질되는
방부제를 넣지 않은 빵과 같았고
계절처럼 반드시 퇴색하며

늙은 노인의
하루처럼…
지루했다
책임질 수 없는 말은 하지 말자.
내가 한 말에 대한 책임 때문에 올가미를 쓸 수도 있다
가볍게 하자, 가볍게
보고는 싶지 라고 말하고
지금은 사랑해 라고 말하고
변할 수도 있다고

끊임없이 상대와 내게 주입시키자
그래서
헤어질 땐
울고 불고 말고 깔끔하게,
안녕.
나는 그게 옳은 줄 알았다
그것이 상처받지 않고 상처주지 않는 일이라고
진정 믿었다.
그런데, 어느날 문득 드는 생각
-너, 그리 살어 정말 행복하느냐?

나는 행복하지 않았다
죽도록 사랑하지 않았기 때문에 살만큼만 사랑했고
영원을 믿지 않았기 때문에 언제나 당장 끝이 났다
내가 미치도록 그리워하지 않았기 때문에
아무도 나를 미치게 보고 싶어하지 않았고
그래서, 나는 행복하지 않았다
사랑은
내가 먼저 다 주지 않으면 아무 것도 주지 않았다
버리지 않으면 채워주지 않는 물잔과 같았다

내가 아는 한 여자
그 여잔

매번 사랑할 때마다 목숨을 걸었다
처음엔 자신의 시간을 온통 그에게 내어주고
그 다음엔 웃음을
미래를 몸을 정신을 주었다
나는 무모하다 생각했다
그녀가 그렇게 모든 걸 내어주고 어찌 버틸까
염려스러웠다
그런데 그렇게 저를 다 주고도 그녀는 쓰러지지 않고
오늘도 해맑게 웃으며 연애를 한다
나보다 충만하게
그리고 내게 하는 말
나를 버리니, 그가 오더라
그녀는 자신을 버리고 사랑을 얻었는데
나는 나를 지키느라 나이만 먹었다

사랑하지 않는 자는 모두 유죄다
자신에게 사랑받을 대상 하나를 유기했으니
변명의 여지가 없다
속죄하는 기분으로
이번 겨울에도 난 감옥같은 방에 갇혀
반성문 같은 글이나 쓰련다.

8 사상은 감정과 욕망의 나침반이다

사람은 욕구, 욕망 덩어리입니다. 이기적 욕망이 부정적인 것이지 욕망 자체가 결코 부정적인 것은 아닌 지극히 자연스러운 것임을 앞서 이야기했습니다. 인생은 개인과 집단의 건강한 자주적 요구, 인간적 욕망을 실현하는 과정이기도 합니다. 그런데 사람의 욕망의 방향과 내용을 결정하는 것은 무엇일까요? 그것은 하늘의 신도, 생존본능도, 주변 환경도 아닙니다. 바로 사람의 사상의식입니다. 한 사람의 인생이란, 그 사람의 주요한 욕망의 궤적이며 그것의 방향을 결정하는 것은 바로 그 사람의 사상(의식)이라 요약할 수 있습니다.

흔히 사람들은 사상은 이론과 지식이라고 생각합니다. 물론 사상*은

---

* 사상과 지식; 객관적 정보와 합법칙성을 반영한 '지식'과 사람의 요구와 이해관계를 반영한 '사상의식'의 차이는 근본적으로 다르다. 지식은 객관적이므로 감정과 의욕이 포함되지 않는다. 그러나 사람의 요구와 이해관계를 포함한 지식은 감정도 동반된다. 맑스주의 같은 지식이 감정과 의욕을 발동하는 것은 사람자신의 요구와 이해관계를 반영하고 있기 때문이다. 지식 중에서도 이러한 지식은 사상에 포함된다. 원래 사상의식은 지식뿐 아니라 감정과 의욕을 담고 있는, 즉 사람의 요구와 이해관계를 반영하는 지식, 감정, 의욕의 전일적인 의식체계를 의미한다. 다르게 표현하면 사상은 지식과 감정, 의욕으로 표현된다.

논리체계나 이론적 형태를 띠는 것이 많지만, 그렇다고 사상이 이론이나 지식에만 한정되지는 않습니다. 오히려 사람들이 가진 사상은 지식을 넘어 의욕*과 의지로 발전하고, 감정과 욕망으로까지 확장됩니다.

사람들 머릿속 의식(정신세계)을 들여다보면 크게 **지식, 사상, 감정**의 3가지 형태로 나누어집니다. 사람이 생활하면서 어떤 문제에 부닥치면 이들 3가지 의식의 상호 작용에 의해, 의식의 구체적 상태인 마음이 움직이기 시작합니다. 이 3가지 의식형태 중 가장 적극적 작용을 하는 것이 바로 사상입니다. 왜냐하면 사상이 정보와 지식을 활용하여 사람의 요구, 욕망과 그 욕망하는 대상간의 이해관계를 1차적으로 판단하고 처리하기 때문입니다. 그 1차 판단에 의해 대상에 대한 감정도 비로소 발생하기 때문입니다.

로댕의 '생각하는 사람'처럼 누군가 지금 어떤 고민에 빠져있다면, 그것의 중심은 대체로 그 사람의 당면한 요구와 그와 관련된 대상의 이해관계 문제를 헤아리고 추론하는 중이기 때문일 것입니다. 바로 그것이 사상의식의 작용이라고 보면 됩니다.

지식과 사상을 비교하자면, 지식은 1+1=2, 대한민국 수도는 서울이다, $E=mc^2$등과 같은 객관세계에 관한 이론과 법칙, 정보 등을 말합니

---

* 지식과 다르게 사상의 본질적 특징과 역할은 그것이 사람들의 모든 행동을 결정한다는 데 있다. 지식은 사람들이 실천활동을 옳게 벌려나가도록 하는데서 일정한 도움은 주지만 그들의 활동을 결정하지는 못한다.

다. 예를 들어 사람이 영어단어, 수학공식, 과학법칙, 사회과학 지식 등의 지식을 알고 확장한다고 해서 사람이 잘 흥분하지는 않습니다. 그러나 자신의 이해관계가 반영된 '월급인상', '금리인상', '집값폭등', '진급', '부패한 정치인'에 대해서는 쉽게 흥분합니다. 지식 중에도 사람들의 계급적, 민족적 이해관계를 반영한 지식 등은 사상의 영역으로 들어갑니다. 감정을 다루는 문화예술도 계급적, 민족적 이해관계를 다루고 표현하면 사상(감정)의 영역에 포함됩니다.

사상의식은 사람에게 가장 중요한 사람의 생존요구와 이해관계를 반영하는 특성 때문에 의식에서 가장 적극적으로 작용합니다. 사람의 요구는 구체적 마음의 욕구와 욕망으로 표현되고 발전합니다. 즉 사람의 요구와 이해관계를 반영한 그 사람의 사상은 필연적으로 그 사람의 욕망으로 드러나고 표현됩니다. 여기서 이해관계란 단순히 경제적 돈 문제를 이야기하는 것만은 아닙니다. 사람의 요구나 욕망은 정치적, 경제적, 문화적 측면에서 매우 다양하고 총체적으로 표출됩니다.

예를 하나 들어봅니다. 한국군 '작전지휘권 반환' 문제입니다. '자주국방', '민족자주' 등 나라와 국민의 근본 정치적 이해관계에 관련된 문제입니다. 따라서 이에 대한 상반된 주장은 정보나 지식을 넘어 사상 문제로 발전합니다. 대한민국의 군 통수권을 대통령이 가지고 있어야 하는 것은 상식이며 헌법의 기본정신입니다. 그런데도 한국은 군 통수권의 가장 중요한 전시작전지휘권이 없습니다. 한국의 전쟁 개시권한과 작전계획을 여전히 미국이 갖고 있습니다. 쉽게 말해 한국군의 전쟁을 개시하고 동원할 권한을 미국 대통령이 갖고 있습니다.

한국 사람이라면 '군 작전지휘권'을 남의 나라에 맡기는 것을 치욕으로 여기고 마땅히 반환 받았어야 한다고 생각할 것입니다. 일본 놈들에게 우리나라 군사, 외교권을 빼앗긴 것이나 오늘날 미국에게 군사지휘권을 빼앗기고 지금까지 반환 받지 못하는 것이나 다른 것이 무엇일까요? 이것은 독립국의 치욕이고 이런 독립국은 지구상에 없습니다. 이것이 세계 많은 나라들이 아무리 한국경제가 발전해도 한국을 우습게보고 미국의 종속국으로 보는 가장 큰 이유 중의 하나 입니다.

그러나 그것을 극구 반대하는 정치세력이 대한민국 역대 수구보수 정당들 이었습니다. 한국의 보수언론과 역대 수구정당들은 한국군의 능력이 세계 6위권 이라고 선전하면서도, 한국군 작전지휘권 반환은 시기상조이며 계속 미국이 가져야 한다는 궤변적 논리와 이론을 주장합니다. 쉽게 말해 이들은 과거 중국을 흠모하며 소중화((小中華= 작은 중국)를 꿈꾸던 조선의 사대주의자들과 비슷한 정신세계를 갖고 있습니다. 그들의 주장과 이해관계를 따라가면 그것의 뿌리는 사대주의 사상입니다.

이번에는 사상과 감정에 관한 이야기입니다. 이성적으로 통제가 잘 안 되는 감정의 특성 때문에 사람들은 감정이 이성이나 사상과 가장 거리가 멀다고 생각합니다. 그러나 그것은 오해입니다. 알고 보면 감정도 이성적 판단을 경유한 사상으로부터 나옵니다. 사람들은 모든 사물현상들, 사람에 대해 긍정, 중립, 부정 등 좋고 나쁜 감정을 즉각적으로 갖게 됩니다. 그것은 그 사물에 대한 정보와 자신과의 이해관계가 경험을 통해 이미 그 사람에게 정리되어 있기 때문입니다. **즉 이성적 판단과 결합되어 그 사물현상에 대한 감정을 이미 가지고 있는 것입니다.**

예를 들어, 벌이나 잠자리를 보면 사람들은 긍정적 감정을 갖게 됩니다. 해충을 잡아먹고 꽃을 피우고 벌꿀을 준다고 알기 때문입니다. 사람에게 이로운 역할을 하기에 긍정적 감정과 태도를 갖게 됩니다. 반대로 쥐, 모기와 바퀴벌레는 그 반대입니다. 부정과 혐오의 감정을 갖게 됩니다. 사실 파리와 모기는 죄가 없습니다. 그냥 자기방식의 생존활동을 벌이는 것뿐인데, 단지 사람들의 이해관계에 따라 선호와 혐오의 대상이 됩니다. 사람이 처음 보는 현상이나 외계인을 만난다면 경계심과 신기한 것 이외에 처음에는 아무 감정이 없게 됩니다. 도움이 되는지 해가 되는지 판단이 안 서기 때문입니다.

정치인에 대한 감정도 마찬가지입니다. 대통령 윤석열에 대한 감정은 그것이 옳건 그르건 사람들이 평소에 가진 그의 정치에 대한 판단, 즉 '정치관'에서 나온 감정입니다. 이러한 사람에 대한 감정은 비단 정치인이 아니라 일반인에게도 마찬가지입니다. 자신의 인격과 자주성을 존중하는 사람에게는 좋은 감정을 갖게 되고, 반대로 무시하는 경우는 당연히 싫어하고 혐오하게 됩니다.

사람의 거의 모든 감정*은 그 사람의 사상과 연관하여 발생합니다. 그 사람의 윤리관, 정치관, 인생관, 인간관, 세계관이 그 사람이 갖게 되는 감정을 좌우합니다. 그래서 '**사상감정**'이라는 말도 씁니다. 사람이나 대상에 대한 요구(욕망)와 이해관계가 없다면 감정도 일어나지 않습니다. 그래서 사상의식을 단순한 지식이 아니라 사물현상에 대한 이해관계를 반영하는 감정과 의지를 포함하는 '**관점, 견해, 입장, 태도**'라고 합니다. 관점과 견해가 이성적 영역이라면 입장과 태도는 이미 감정과 의지의 영역입니다. 입장과 태도는 외부의 지식이 아니라, 긍정과 부정, 또는 '좋다', '싫다'는 자신의 감정과 지향을 드러냅니다. 사상의식은 사람의 지식과 감정을 지휘하고 움직이는 의식의 핵, 마음의 핵입니다.

학자와 개혁가, 혁명가가 다른 이유는 무엇일까요? 학자는 사상을 주로 객관적 지식으로 연구하지만, 혁명가와 실천가는 사상을 진리로 받아들이면서 신념화하여 실천합니다. 학자는 손해나는 일은 잘 안 하지만, **혁명가는 손해나는 일도 그것이 정의라면 앞장서 실행합니다. 역사상 유명한 개혁가, 혁명가는 대부분 강한 신념과 의지의 소유자들입니다.** 요구, 욕망 실현에 가장 필요한 것이 난관을 극복할 의지입니다. 사상의 깊이가 신념과 연관된다면 그 질과 강도가 바로 의지로 나타납니다. 신념화되지 않는 진보사상은 좋은 지식으로 남게 됩니다.

---

* 사람의 주요한 감정을 구분하면 정치사상감정, 도덕감정, 미적감정, 지적감정, 생리적 감각에 의한 생리적 감정이 있다. 마지막 생리적 감정을 제외하면 전부 '사회적 감정'이다.

아무리 많은 진보적 지식도 신념화되지 않으면 생활과 인생에 그리 크게 영향을 미치지는 못합니다.

"나는 무슨 특별한 사상을 따로 배운 적이 없는데 무슨 사상이 내 욕망과 인생을 좌우하는가?"라고 반문할지도 모릅니다. 그러나 보통사람들의 사상과 신념도 아주 견고하며 강합니다. 자본주의 사회에 살면 자기도 모르는 사이에 매우 강한 자본주의 사상과 욕망을 이상(理想)으로 배우고, 자본주의적 인간형으로 자라기 때문입니다.

사람이 아주 어릴 때는 동물적 생물학적 욕구가 대부분입니다. 점차 자라며 가정과 학교를 통해 사회적 욕구와 욕망을 배우고 키우게 됩니다. 그 사회 지배계급이 만들고 문화예술과 교육으로 유포하는 사상은 공기처럼 너무도 당연히 마시며 생활해서 특별히 의식을 잘하지 못할 뿐 매우 공고하고 지배적입니다.

사상(의식)은 단순히 이성적 지식이 아니라 사상감정, 사상의지 등 감성까지 포괄하며 인간의 모든 활동을 지휘하는 의식입니다. 사상의식은 감정과 욕망의 나침판입니다.

닭

이오덕

먹는다는 것이 그 어느 일보다 크다는 것은
목숨 가진 것이 다 그러하다마는
어쩌자고 너희들은 그토록 쉴 새 없이
눈에 불을 켜고 돌아다니며
돌자갈 유리 조각까지 주워 먹어야 하느냐?
단 하루 생일이 틀려도 먹이를 한자리에 못 나누는 질서
작은 놈은 다시 더 작은 놈을 쪼아
볏이 다 뜯기고 깃이 빠지고,
먹다 남은 것 눈치 보며 훔쳐먹고
겨우 살아난 가장 작은 놈이 크면
그놈이야말로 민주주의를 할 것 같은데
그 앙갚음으로 어린 병아리들을 따라다니며
다리가 쭉 뻗도록 해치는 버릇.
한 번 쪼이면 그 뒤엔 제 힘이
넉넉히 이겨낼 만해도
결코 반항할 줄 몰라
모가지를 갖다 대놓고 쪼으라고 엎드려 있는

그 답답한 꼴.
날개가 있어도 하늘 높이 날 줄 모르는 것들.
너희들은 그래서
억만 년 그 모양 그 꼴로
날마다 끙끙거리며 낳아 놓은 알을 도둑맞고,
마지막엔 모가지를 비틀려
부글부글 솥에 삶기고
창자까지 쫄쫄 훑어 먹히나 보다.

9 과연 인생의 답은 없는 것인가?

인생에 답이 없다면 개인이기주의건, 공동체 지향이건 다 가치 없는 것이고 아무렇게나 살아도 된다는 이야기입니다. 이것은 세상에 진리가 없다는 이야기와 비슷합니다. 한 번뿐인 인생을 평생 즐기며 재미있게 살다가 가면 그만이다는 말도 맞는 얘기고, 성공하고 출세해서 세상에 이름을 남기자는 것도 다 맞는 얘기로 됩니다.

물론 '인생에 답이 없다'는 말은 흔히 부모나 사회가 요구하는 삶이 정답이 아니라는 긍정적 의미가 있습니다. 인생의 가치관은 다양하며 삶의 선택 주인공은 자신이 개척하는 것이라는 뜻일 것입니다. 그러나 과연 인생의 바람직한 지향이나 답은 원래 없는 것일까요?

인생의 답을 찾으려면 먼저 인생과 인간이 무엇인지에 대한 철학적 답부터 찾아야 합니다. 이 질문은 문명이 시작된 이래로 줄곧 인류가 자기 스스로에게 던졌던 질문입니다. 이렇게 중요한 철학적 질문과 답에 대해 학교에서는 잘 가르쳐주질 않습니다. 가르쳐도 자본주의 질서에 부합하는 실용주의,* 실존주의**등 부르주아 보수철학을 가르칠 뿐, 역사적으로 축적된 근로대중을 위한 진보적 철학은 결코 가르쳐주지 않습니다.

영화 〈밀양〉을 보면, 자기 아이가 유괴당해 죽은 주인공 전도연의 대사가 인상적입니다. 주인공은 현실의 고난을 극복하기 위해 자기를 스스로 부풀리기도 하고 종교에도 의지하지만, 결국 종교도 자기기만도 주인공의 한과 비극으로부터 구원하지 못합니다.

"어떻게 용서를 해요? (자식 살인범을) 용서하고 싶어도 난 할 수가 없어요. 그 인간은 이미 (하느님으로부터) 용서를 받았다는데... 그래서 마음의 평화를 얻었다는데... 내가 그 인간을 용서하기도 전에 어떻게 하느님이 그 인간을 먼저 용서할 수 있어요?"

세상이 이리 험악한 이유는 무엇이고, 인간의 구원은 어디에 있는 것

---

* 실용주의; 현대 대표적 부르조아 주관관념론. 《유익한 것》, 《만족을 주는 것》이 진리라는 데로부터 실용주의는 또한 《성공》이 실천에서 필요한 모든 것이라고 주장함. 제임스는 진리는 개개인이 아무 때나 자신의 경험에 부합되게 진리를 만들 수 있다고 함. 듀이는 사상과 이론의 진리성은 그것이 주관의 욕망을 어느 정도 충족시키며 어느 정도의 《효과》를 주는 도구로 되는가에 의하여 규정된다고 함. (쉽게 말해 과정에 상관없이 성공이 진리인 미국식 철학사조인 성공철학, 결과철학이다.) (『철학사전』 사회과학원 철학연구소)

** 실존주의; 인간문제를 사회와 분리된 개인문제로 보고 비애와 염세, 극단한 개인주의를 고취하는 전형적인 부르조아 인간철학. 세계에 대한 과학적 인식을 부정하는 비과학적인 인생철학이다. 19세기 중엽에 덴마크의 키에르케고르에 의하여 처음으로 제창되었다. 실존주의가 하나의 유행사조로 된 것은 제2차 세계대전을 전후한 시기이다. 프랑스의 싸르트르, 카뮤, 마르셀 등에 의하여 문학과 철학의 혼합물로서의 실존주의가 현대 부르조아 인간철학의 지배적 사조로 되었다. (『철학사전』 사회과학원 철학연구소)

일까요? 사실 이 영화의 주제가 현대적인 것은 아닙니다. 고대문명부터 인생의 고통원인과 구원에 대한 질문은 종교와 철학 형태로 주로 진행되어 왔습니다. 과학이 비약적으로 발달한 근대에 이르러서야 이러한 질문에 대한 인류의 답은 신학담론을 넘어, 과학적으로 접근된 답에 이르게 됩니다. 그것이 중세적 종교적 세계관에서 근대 유물론*적 보편적 세계관으로의 진화입니다.

물론 이러한 질문에 대한 답은 현대에도 계속되지만, 이는 다윈의 진화론과 코페르니쿠스의 지동설에 대한 초기 찬반논쟁처럼 현대적 진실논쟁이라기보다 이 주장의 이해관계를 둘러싼 세력의 아직도 끝나지 않은 낡은 시대의 논쟁에 가깝습니다.

사람이 세상을 보는 관점을 '**세계관**'이라 합니다. 사람들의 인생에 대

---

* 유물론 唯物論 [영] materialism [독] Materialismus 관념론과 대립되는 철학적 입장. 보통 생활하는 모든 사람들은 자연발생적으로 유물론의 입장을 취하고 있다. 자연을 포함하여 사회적 존재물이 자신의 의식 밖에 독립하여 존재하고 있으며 자신은 그 가운데에 존재하고 그들과 여러 관계를 맺고서 생활하고 있다는 것을 의식하고 있다. 사물이 인간의 의식 밖에서 의식과는 독립적으로 존재한다는 것을 인정하는 것이 유물론의 근본적 특징이다. 유물론 철학은 이러한 자연발생적인 소박한 유물론에서 출발하여 그것을 이론적으로 정립한 것이다. 유물론은 세계에 있어서 물질이 일차적이며 정신과 의식은 이차적이고, 물질로서의 세계는 시간적·공간적으로 영원하고 무한하며, 신(神)에 의해 창조된 것이 아니라 그것 자체로 존재한다고 한다. 따라서 정신과 의식은 물질에 기초하여 성립한다고 설명한다. (『철학사전』 중원문화판)

쉽게 말해 유물론은 세상의 신과 종교는 사람이 만들었다는 주장이다. 사람의 정신과 의식도 물질(뇌수의 물질작용)에서 나왔다는 주장이다.

한 생각, 즉 인생관은 세계관에 의해 크게 좌우됩니다. 세상만물이 궁극적으로 어떻게 이루어졌고, 세상을 움직이는 신의 존재 여부에 대한 판단과 생각에 따라 인생의 중요결정이 크게 좌우되기도 합니다. 어떤 종교를 믿는다는 것은 사실 자신의 세계관을 그 종교에 동조시킨다는 말과 같습니다.

영화〈밀양〉에서 주인공 전도연은 통속적 속세의 세계관을 버렸다고 생각하고 '하느님'에 귀의했으나, 이 종교적 세계관에 대해서도 역시 모순을 느끼며 더 혼란스러워합니다. 이 주인공은 어떻게 구원에 이르러야 할까요?

신이나 종교를 믿는 사람들은 세상이 신의 섭리로 움직인다고 믿습니다. 따라서 사람의 의지를 앞세우지 말고 신의 섭리에 따라 살아야 한다고 믿습니다. 중세에는 종교와 신, 유교의 '**천명**'을 믿는 사람들이 상당히 많았습니다. 이들이 대체로 신이나 하늘의 명을 따르거나, 인생은 날 때부터 결정된다는 팔자나 숙명론적 인생관을 갖게 됩니다.

근대 사회에서는 과학의 발전으로 신이나 미신, 종교 등을 믿지 않는 사람들이 크게 늘었으며 이들은 대체로 과학의 합리성을 믿으며, 신을 믿지 않는 '통속적 유물론자'에 가까운 사람들이 많습니다. 현대인은 과학을 믿는 통속적 유물론자들이 많습니다. 이들이 종교적 교리를 떠나 현실의 행복과 욕망에 충실한 것은 당연한 귀결입니다.

오늘날 사회주의 나라에서는 신과 종교를 믿는 사람들이 급격히 사라졌습니다. 사회주의사회 인민대중이 대부분 신을 부정하는 유물론자들로 변하기 때문입니다. 이들 나라의 학교교육에서는 유물론을 교육하며, 철학에서는 대부분 신을 부정합니다. 신의 계시에 따르는 것이 중요한 것이 아니라 인간의 요구와 의지를 더 중요하게 여깁니다. 인생관은 고정된 것이 아니라, 사회와 환경이 바뀌면 사람들의 세계관과 인생관도 급격히 바뀝니다.

이번에는 조금 어렵지만, **노동자 철학의 시원인 맑스주의가 인간을 무엇으로 보았는지**, 즉 맑스주의 인간관이 무엇인가에 대한 논의를 이어가려 합니다. 19세기 종교와 신학을 넘어 역사의 언덕에 등장한 것이 근대 맑스주의 철학입니다. 여기서 새로운 인간관이 제기됩니다. 이제 겨우 인류는 종교나 신과의 관계로부터 벗어나, 인간의 욕망과 구원을 사회현실과 생활에서 해명하는 작업이 비로소 시작하게 됩니다. 생각보다 인간의 지혜는 더디게 발전했습니다.

근대 이후 사람들의 숙명론적 팔자타령과 세계관은 급속히 변했고, 이에 따라 인간관도 급격히 변해갑니다. 근대 이후 등장한 맑스주의자들 또는 사회주의자들은 인생은 원래 고통이라거나 '고(苦)'라는 종교적 전제부터 부정합니다. 인생이 왜 고통이어야 하는가? 반대로 지상에 천국을 건설하면 인생은 행복할 수 있다고 주장합니다. 대다수 근로대중과 인간고통의 원인은 오랜 계급사회의 사회적 불평등과 사회모순 때문이지, 원래 인생이 고통스러울 필요도 이유도 없다고 주장합니다.

인생의 운명도 사람이 개척하기 나름이고, 내세나 천당은 원래 없으며 천당은 내세가 아니라 반드시 지상에서 만들 수 있고, 또 노력과 투쟁으로 지상에 차별 없고 평등한 유토피아를 만들어야 한다고 주장합니다. 자기운명을 개척하기 위한 집단적 노력과 투쟁, 그것이 진정한 박애이며, 인간사랑이라고 주장합니다. 지상에 천국을 만들자! 인간사회에 대한 새로운 발견과 해석, 이것은 인류사상사에 획기적, 혁명적 진전입니다.

맑스주의는 동물로서의 생물학적 특성이 인간의 본질을 좌우하는 것이 아니라고 보았습니다. 흔히 동물에도 사회가 있다고 하는데 그것은 사회가 아니라 본능적 소규모 무리집단입니다. 그는 인간의 본질을 사회에서 찾았습니다. 사회집단 즉 사회 내적 구조의 변화에 따라 인간의 삶과 행복이 좌우한다고 보았습니다. 따라서 인간의 행복과 삶이란, 각자의 개인적 구도행위나 마음수양만으로는 얻을 수 없다고 보았습니다. 인간고통과 그 해방의 열쇠를 불평등하고 불합리한 사회경제적 환경과 제도개조에서 찾았습니다. 또 구원은 누가 해주는 것이 아니라, 근로대중 스스로 자신을 구원할 능력이 있다고 보았습니다.

맑스는 사회적 환경과 사회구조를 더 깊이 세분화하여 설명합니다. **맑스는 사회를 건축물처럼 비유하여 거대한 입체구조로 봅니다.** 그 구조의 하부기초(=하부구조)는 사회생활의 물질적 조건과 '경제적 관계'라고 설명합니다. 즉 사람의 경제적 조건, 즉 월급쟁이 노동자인가? 영세 자영업자인가, 소자본가인가, 중소자본가인가? 거대 독점 대자본가인가? 등 사람들이 먹고사는 경제적 이해관계가 사회구조의 기초를 이룬다고 봅니다. 그로부터 그 이해관계를 대변하는 국회의원 정당, 대통령들의 정치적 관계와 법률, 철학, 도덕적 견해들과 과학, 종교 등 **'상부구조'**가 건축물처럼 만들어진다고 아주 현실적으로 설명합니다.

맑스주의는 사람이 가진 '정신세계'나 '의식' 등이 신이나, 천명 등도 저 하늘 높은 데서 만들어지는 것이 아니라 합니다. 반대로 현실과 땅에서 만들어지는데 그 땅이 바로 생활의 먹고사는 '경제문제'라고 합니다. 이 현실적 삶의 경제적 관계*를 기초로 정치적 관계, 문화, 종교 등이 차례로 쌓여가면서 만들어지는 게 바로 인간사회라고 설명합니다.

이 말은 인간의 구원과 해방의 뿌리가 결국 사회에 있다는 말입니다. 더 구체적으로는 모든 불평등과 불평과 차별, 불행의 사상의 뿌리는 사회 자체에 있다고 봅니다. 그래서 뿌리의 핵인 기업의 생산수단**의 사적소유를 금지하는 정치혁명으로 새로운 사회를 만들어야 한다고 주장합니다. 물론 거대 자본가들이 이러한 사상을 혐오하고 탄압하는 것은 자신들의 기득권을 지키기 위함입니다.

---

*   자본주의 사회에서는 대표적 생산관계, 즉 임금 노동자와 거대 자본가와의 관계
** 생산수단; 생산을 위해 투입되는 물질적, 비인간적 요소이다. 기계, 도구, 공장, 인프라, 자연자본 등이 이에 해당한다.

결국 맑스는 인간의 본질도 개인이나 개체의 특성이 아니라, 인간종(Homo Sapiens)만이 가진 사회에서 찾았습니다. 인간의 본질을 동물적 생존과 만족이 아니라, 인간의 사회적 요구와 다양한 사회적 관계, 즉 경제, 정치, 문화적 인간관계에서 찾았습니다. 이것을 좀 어려운 말로 인간의 본질을 '사회적 관계의 총체'에서 찾았다고도 설명합니다. 인생의 답도 인간의 본질이 사회적 존재이기 때문에 당연히 사회와 연관되어 있을 수밖에 없다는 것입니다.

그러나 맑스주의가 말한 인간의 행복과 운명이 사회 환경적 요인과 사회적 관계에 의해 크게 규정된다는 말은 맞지만, 이 말도 무언가 인간에 대한 정의로는 충분치 못하며 허전합니다. 그래서 인간이 무엇인가에 대한 이야기가 다시 새로운 차원에서 전개됩니다.

인간이 자신의 정체성에 대해 과학적으로 규명하기 시작한 것은 크게 보면 19세기 근대이후이고, 다시 인간이 무엇인가에 대한 유물론적 정의를 내린 것은 20세기 현대에 들어와서입니다. 인류는 오랜 역사기간동안 동서양에서 이러저러한 답을 내며 인간이 무엇이라고 정의했지만, 사실 자신이 무엇인지 잘 모르는 가운데 살아왔다고 해도 과언이 아닙니다. 아무렇게나 동물처럼 사는 인생이 전부 답이 아니라, 사회적 존재인 인간과 인생에는 분명히 삶의 방향과 가치가 있다는 것이 현대 진보적 인문학의 총화입니다.

가난한 자유에게[*]

이정훈

화살의 자유는
아무 곳으로 날아가는 자유가 아니라
한 점의 중심을 향해
온 몸을 떨며가는 궤도비행이었다

꽃의 자유는
사계절 언제나 피는 조화(造花)의 자유가 아니라
겨울을 이긴 봄이
된바람을 밀어내는 가난한 기다림이었다

사랑의 자유는
선남선녀를 선택하는 자유가 아니라
운명의 장난을 넘어 북극성을 따라
보이지 않는 그에게 다가가는 어둠속 항해였다

---

[*] 글의 주제와 관련된 적당한 시를 찾다가 제가 쓴 시 3편을 이 책에 올렸습니다. 제가 국가보안법 사건으로 2008년 전주교도소 수감 중에 쓴 거친 시를 감히 올립니다. 훌륭한 시인들의 글과 같이 올려 송구합니다.

인생의 자유는
무슨 일이나 할 수 있는 자유가 아니라
만인을 위한 하나의 일을 향해
생이 끝나기 전까지 찾아가는 모험이었다

죽음의 자유는 무엇이더냐
부질없는 욕망과 삶이 버린 두려운 너를
끝내 마주보고 안아야하는
마지막 시간여행이 아니냐.

10 다시 사람이란 무엇인가?

맑스의 이론대로, 인간은 사회적 존재이며 사회구조와 환경이 인간에게 커다란 영향을 미치는 것은 사실입니다. 그러나 인간의 본질이 사회와 사회적 관계에서 나오지만, 사회적 관계 자체가 인간의 본질은 아닙니다. **경제관계(생산관계)나 정치관계 자체가 인간생활을 크게 규정하지만 그것이 인간이나 인생에 큰 영향을 주는 중요한 요소와 환경이지 인간본질은 아니기 때문입니다.**

그러면 인간본질은 무엇일까요? 동물과 크게 차이가 없는 좀 지능이 높은 동물인가요? 아니면 하늘로부터 정신과 영혼을 받은 도덕적 존재인가요? 이성이 있는 경제적 동물인가요? 권력과 지배욕을 가진 정치적 존재인가요?

인간도 동물에서 진화했기 때문에 생물적, 동물적 특성을 갖고 있습니다. 인간이 동물과 비교하여 가장 대비되는 특징은 무엇일까요? 직립보행, 손사용, 불사용, 언어, 노동, 의식, 지식, 도덕, 예술 등 많습니다. 이 특징들에는 이것들을 가능하게 한 인간의 생물학적 진화측면과 인간자신의 사회적 요구와 욕구로 만들어진 특징들이 뒤섞여 있습니다. 인간이 직립보행을 하지 않고 손을 쓰며 두뇌가 진화하지 않았다면, 지식을 축적할 수 없었을 것이고 사회의 기초인 노동의 분업과 협업도 크게 진전되지 않았을 겁니다.

인간은 동물을 넘어서 인간만이 가지는 도덕 윤리의식, 사상의식, 미의식, 정치의식 등을 독자적 정신세계와 문화, 다양한 인간관계를 갖고 있습니다. 그러한 특징은 어디에서 나온 것일까요? **인간의 특징을 이루는 요소들이 중요한 것은 그것이 자연 진화의 산물이 아니라 인간 자체의 집단적 요구와 노력으로 인간이 의식적으로 창조한 것이라는 점입니다.** 인간의 발전된 정신세계를 만든 것은 뇌수의 자연 진화가 아니라, 다름 아닌 인간의 요구이며 그것은 바로 사회집단이었습니다. 과학지식도, 도덕윤리도, 미적 예술적 감정, 정치의식도 모두 사회가 만든 사회적 산물이기 때문입니다

사회는 단결과 협조의 힘을 아는 인간이 의식적으로 만들고 발전시킨 산물입니다. 사회가 만들어지기 이전의 인간은 인간이 아니라 사실 무리생활을 하는 유인원입니다. 인간은 사회와 더불어 살아가고, 사회가 없었다면 인간은 동물을 넘어설 수 없었을 것입니다. 인간을 사회와 분리해 보는 것은 불가능합니다. 인간이 사회를 만들면서 다시 사회가 인간을 만들어가는 이중과정입니다. 지구에서 사회의 탄생은 새로운 인간종의 탄생을 의미합니다.

인간이 사회를 만드는 과정에서 동시에 생겨난 인간적 특성들이 있는

데, 가장 주요한 특성이 자연과 세상에 종속되지 않고 반대로 지배하며 살아가려는 특성입니다. 이것을 철학적 용어로 '**세상의 주인**'으로 살아가려는 특성 또는 '**자주성**'*이라 합니다. 동물은 자연에 순응하며 살아가지만, 인간만이 자연을 자신의 필요와 요구에 따라 개조합니다.

사자와 늑대는 수십만 년을 살아도 자연을 개조하지 못합니다. 개조할 능력도 요구도 없습니다. 그래서 사는 생존방식이 수십 만년동안 변화가 없습니다. 반면 인간의 오랜 역사와 생존방식은 고대 노예제, 중세봉건제, 근대 자본주의, 사회주의 등 사회변화와 함께 다양하게 바뀌었습니다. 그럼에도 인간이 사회를 처음 만들며 형성된 사람의 근본적 특징과 본성은 전혀 바뀌지 않고 유지되었습니다. 바로 그러한 인간의 속성이 자주성과 창조성입니다.

쉽게 말해, 동물은 추우면 동굴을 찾지만 원시인간은 다양한 방식으로 집을 짓고 불을 활용합니다. 동물은 다치고 아프면 참지만, 사람은 경험 속에서 치료방법을 찾아갑니다. 그것을 철학적 표현으로 '**주인이 되어가는 과정**'이라고 설명합니다. **여기서 주인이라는 말은 물건의 소유권자라는 말이 아니라, 세상의 법칙을 알고 깨우쳐 세상을 자기의 요구대로 변화시켜 지배하는 존재로 된다는 의미입니다.** 아직까지 발견된 인간 지식으로는 지구상에서, 아니 우주에서 사람만이 이러한 요구를 가지고 있습니다.

---

* 자주성; 온갖 구속과 예속을 벗어나 세계와 자기 운명의 주인으로서 자주적으로 살며 발전하려는 사회적 인간의 속성

인간은 주어진 대로 사는 존재가 아니라, 주변 환경을 자신의 생존요구에 따라 유리하게 개척하고 개조해나가며, 가만히 순응하며 살지 않는 지구 생물종 중 특이한 존재입니다. 인간은 자연만 개조하는 것이 아니라 사회도 불편부당하면 인간의 요구에 맞게 개조합니다. 그것이 혁명투쟁의 인간 역사입니다. 그것은 다른 말로 인간이 만든 어떤 제도도 인간의 자주성에 도전하고 이를 억누르면 멸망을 면치 못한다는 말로 됩니다. 그것을 사람이 '**사회의 주인**'이 되어가는 과정이라 표현합니다.

인간의 생명이 자주성을 본질로 한다는 말은 사람이 세상의 주인으로 살아갈 때 가장 행복한 존재라는 의미입니다. 사람은 자연을 개조하고 사회를 개조하며 동시에 자기 인생의 주인이 되는 것에 절대적 관심과 흥미를 갖고 있으며, 스스로 자주성을 실현하는 과정에서 자유와 행복을 느끼는 유일한 존재라는 의미입니다. 즉 사람은 자주적일 때 자유와 행복을 느끼는 존재입니다. 사람이 낳기 전부터 원래 어떤 목적이 있는 것은 아닙니다. 사람이 사는 목적은 현생에 있으며 그것은 사회와 현실생활입니다. 현생의 근본적 목적은 바로 인간 누구나 평등하게 세상의 주인으로 자유롭게 살아가는 것이며, 그것을 요약한 철학적 개념이 인간의 '**자주성 실현**'입니다. **인간의 다양한 요구 중 가장 중요한 요구, 욕망이 바로 자주적 요구입니다.**

사람이 자주적 요구를 구현하는 과정에서 필요한 요소는 **창조적 능력**입니다. 창조적 능력은 주로 과학지식과 경험지식에 의해 담보됩니다. 만약 인간이 지식을 축적할 수 있는 뇌수의 사고력과 기억력 등 인식능력과 노동과 투쟁 같은 개조능력, 창조적 능력이 없었다면 인간의 자주성도 실현될 수 없었을 것입니다. 인간의 자주성이 인간생활의 목적성(의미와 가치)을 표현한 특성이라면, **창조성***은 그 실현을 위해 목적의식적으로 수단과 방법을 구현하여 세상을 개조하는 능력과 속성을 주로 표현합니다. 따라서 자주성과 창조성은 동전의 양면처럼 동시적으로 발전한 인간본질이자 특성입니다.

인간은 목적을 위해 새로운 창조적 방법과 수단을 시도하고 찾는데서 행복과 희열을 느끼는 유일한 존재입니다. 인간은 과학기술, 정치사상, 문화예술 등 다양한 분야에 창조적 능력이 있는데 그것이 인간의 자주성 억압에 봉사하는 것이 아니라, 그 실현과 결합될 때 가장 가치 있고 의미 있는 것으로 됩니다. 맑스주의나 주체사상이나 모두 역사적으로 축적된 지식을 기반으로 형성된 자연개조, 사회개조, 인간해방에 관한 인류 창조적 지식의 일부입니다. 사람은 자연뿐 아니라 사회구조나 사회관계를 개조하기 위한 지식도 창조적으로 축적합니다. 그래서 역사는 늘 변하며 인간은 낡은 사회를 개조하고 끊임없이 새로운 사회를 만들어갑니다

마지막으로 이야기할 인간의 특성은 '**의식성**'**입니다. 사람의 의식성은 당연히 의식***으로부터 나옵니다. 고등동물은 간단한 정보를 기

---

* 창조성: 목적의식적으로 세계를 개조하고 자기운명을 개척해 나가는 사회적 인간의 속성

억하고 처리하는 지능과 단순한 심리는 있지만, 사상의식은 없습니다. 따라서 동물은 자기의 요구와 이해관계를 자각할 수 없습니다. 사람만이 의식과 사상의식을 갖고 모든 행동을 목적에 맞게 자기활동을 의식적으로 조절 통제합니다. 그래서 이 **의식성을 자주성, 창조성과 함께 사람만이 가진 고유한 3대 특성**이라고 철학적으로 정의합니다.

그러나 의식과 의식성은 비슷한 것 같지만 상당히 다른 말입니다. 의식은 사람의 머릿속에 있는 관념적 생각, 감정, 사상, 욕망, 의지, 양심, 정보, 지식 등 모든 것을 말합니다. 의식에 들어있는 내용을 전부 분류하면 한 측면은 외부에서 들어온 정보와 지식이고, 또 한 측면은 인간자신의 요구로부터 생긴 욕망, 감정, 의지, 양심 등 인간 자신 내부의 것입니다. 의식의 가장 중요한 기능은 세상의 정보습득과 지식을 (객관세계의 반영) 반영하는 첫 번째 측면이 아닙니다. 의식의 핵심적 기능은 사람자신의 요구를 반영하여(자각) 그를 실현하기 위한 이해관계를 파악하여 자신의 '모든 활동을 지휘'하는 기능입니다. 쉽게 말해 사람을 지휘하는 기능입니다. 지식도 이 기능에 종속된 결과물입니다.

** 의식성: 세계와 자기 자신을 파악하고 개변하기 위한 모든 활동을 규제하는 사회적 인간의 속성
*** 의식: 사람들의 머리 속에 있는 정신적, 관념적 현상의 총체를 표현하는 범주. 사람의 가장 발전된 기관인 뇌수의 고급한 기능으로서 객관적 물질세계의 반영이며 사람들의 모든 행동을 지휘하는 요인.

우리는 앞장에서 다양한 사람들의 머릿속 의식 중 핵심이 바로 '**사상의식**'이라고 정의했습니다. 사상의식이 지식, 감정, 의지 등을 조절통제하기 때문입니다. 사람에게 사람의 요구와 이해관계보다 중요한 것은 없습니다. 자주성도 사람의 건강한 '자주적 요구'로부터 나온 개념입니다. 자유롭게 세상의 주인으로 살려는 인간의 요구가 원래 없다면 자주성도 있을 수 없습니다. 그런데 이러한 사람의 요구와 이해관계를 반영하여 인간의 요구, 욕망을 처리하고 관장하고 처리하는 머릿속 총 지휘부가 바로 사상의식입니다. 그래서 의식성을 '사상의식성'이라고 좁혀서 핵심적으로 표현할 수도 있습니다.

의식성이라는 말은 단순히 '**무엇을 안다**', '**의식하다**'는 의미가 아닙니다. 의식성은 사람의 활동의 연관성 속에서 볼 때, 사람의 요구와 이해관계에 맞게 사람의 모든 행위를 의식적으로 '조절 통제하는 속성'을 말입니다. **간단히 말하면 사람의 모든 활동은 사상의식에 의해 조절 통제되며, 사람은 사상의식의 내용에 따라 움직이는 존재라는 의미입니다.** 더 간단히 말하면 사람은 다양한 욕망을 사상의식이라는 나침반과 신호등으로 풀어가는 '사상적 존재'입니다.

인간의 요구 중 가장 중요한 요구가 인간의 자주적 요구라면, 사람의 사상의식도 이에 맞게 '**자주적 사상의식**'을 필요로 합니다. 인류가 만든 계급사회에서는 반동적 사상의식과 진보적, 자주적 사상의식이 언제나 대립하며 공존합니다. 사람이 사람의 본성에 맞는 자주적 사상을 가지면 자주적 행동과 실천을 하며 주인으로 살아가려고 하고,

반동적 노예적 굴종사상을 가지면 무엇엔가 끌려 다니며 피동적으로 노예처럼 의존하며 순종적으로 살아가게 됩니다.

인간의 본질이 사회에 있으며 사회적 관계에서 결정적으로 영향을 받는 존재(=사회적 관계의 총체)라는 측면은 인간본질에 접근한 인류 정의(定義)에 대한 전진입니다. 그러나 그보다 더 중요한 것은, 인간이 환경과 세계를 자신의 자주적 요구에 따라 개조해나가는 세계의 주인의 특성을 갖는 존재라는 것입니다. **인간이 자주적, 창조적, 사상의식적 존재라는 것**, 그것이 인간의 본질에 대한 가장 정확한 해명입니다. 그래서 **인간역사를 자주성을 위한 투쟁의 역사라고도 정의하며, 인간은 자주성을 생명으로 한다고 합니다.**

이러한 인간본질에 대한 특성은 모두 사회로부터 나왔기 때문에, 인간의 생명은 동물과 다르게 생물학적 생명 이외에 **'사회적 생명'**(사회정치적 생명)이 있다는 **'이중생명론'**이 이론적으로 처음으로 펼쳐집니다. 사람과 인생을 생물학적 존재와 가치가 아니라 사회적 존재와 사회역사적 가치로 평가하는 '사회적 생명관'이 역사상 처음으로 등장합니다. 세상에 사람이란 생명만이 유일하게 고립된 개체가 아니라 당대의 사회전체와 연결이 되고, 육체적 생명의 한계를 넘어 과거와 연결이 되며 미래의 후대와 연결된다는 의미입니다.

디지털 촛불

이산하

지난 촛불시위에서는 아날로그 양초촛불이
디지털 LED촛불로 바뀌었다.
아날로그 촛불은 자기 온몸을 다 태우고 녹지만
디지털 촛불은 장렬하게 전사할 심지와 근육이 없다.
나는 그것이 노동자에서 소시민적 인텔리로
우리 사회변화의 동력이 바뀐 신호로 보였다.
땅을 갈아엎어 토양을 바꿀 근본적인 변화 없이
나무를 골라 옮겨 심는 정도의 기회주의적인
부르주아 민주주의가 다시 점령한 것이다.
그래서 촛불도 계속 광화문 광장에 갇혀 있었고
세월호의 노란 리본도 광화문 광장에 갇혀 있었다.
촛불의 시작은 창대했으나 끝은 미미했다.
30년 전 박종철, 이한열의 시체를 거름으로 피운
부르주아 민주주의의 꽃은 피자마자 졌다.
30년 후 세월호 아이들과 백남기의 시체를
거름으로 피운 불꽃도 피자마자 졌다.
6월항쟁에 벽돌 한 장씩을 얹었던 청춘들은
노동 없는 디지털 촛불에 눈이 멀어 모래알처럼 흩어졌다.
이제 광화문광장은 텅 비었다.

독재의 무기는 칼이고 자본의 무기는 돈이다.
칼은 몸을 베고 돈은 정신을 벤다.
우리는 몸도 베였고 정신도 베였다.
우리는 아직 이것밖에 안 된다.
앞으로도 우리의 입은 여전히 진보를 외칠 것이고
발은 지폐가 깔린 안전한 길을 골라 걸을 것이다.
촛불의 열매를 챙긴 소수 민주주의적 엘리트들 역시
노동대중을 벌레처럼 털어내며 더욱 창대할 것이다.
대한민국은 여전히 민주공화국이 아니라 의회공화국이며
모든 권력도 국민이 아니라 자본과
소수 좌우엘리트들로부터 나온다.
그러므로 심지 없는 촛불이 아무리 타올라도
우리의 비정규직 민주주의는 여전할 것이고
세상도 적당히 바뀔 만큼만 바뀔 것이다.
그래서 나는 촛불이 곁에 있어도 촛불이 슬프다.

살아남은 자의 슬픔

베르톨트 브레히트(Bertolt Brecht)

살아남은 자

물론 나는 알고 있다. 오직 운이 좋은 덕택에
나는 그 많은 친구들보다 오래 살았다. 그러나 지난밤 꿈속에서
이 친구들이 나에 대해 이야기하는 소리가 들려왔다
"강한 자는 살아남는다."
그러자 나는 자신이 미워졌다.

사상과 사회운동

모든 운동은
사상을 발동하는 사업이다

11 사상사업 없는 진보운동은 모래 위에 쌓은 성

인생과 사상에 대한 이야기를 앞서 길게 했습니다. 이번에는 사상과 사회운동, 정치운동은 어떤 관계인가를 살펴봅니다. 한국진보는 사상이나, 사상사업에 대한 연구가 생각보다 부족한 편입니다. 이것이 한국진보의 전략적 정체 원인 중 하나일 것입니다.

한국진보가 사상사업에 대해 소홀한 것은 주로 두 가지 원인 때문일 것입니다. **첫 번째는 한국사회의 전근대적인 사상탄압** 때문입니다. 현대 민주주의 국가에서 유례를 찾기 어려운 국가보안법의 무차별적 적용으로 인해, 한국진보가 사상문제를 다루기 두려워하는 환경이 조성되었습니다. 이것을 극복하지 못하는 것을 사상사업의 기회주의라 합니다. 두 번째는 사상을 주로 '진보적 지식'으로 보는 종래 유물론의 **'사상관'** 때문일 것입니다. 즉 **사상을 진보지식(이데올로기)으로 좁게 다루는 관점과 새로운 사상론에 대한 이해부족** 등이 그 원인일 것입니다.

사상사업이 무엇인가부터 다시 확인해봅니다. 여기서는 사상과 사상의식을 크게 구별 없이 같이 쓰지만, 사실 두 개념은 좀 다른 의미로 쓰이기도 합니다. 종래 맑스주의 사상개념은 이데올로기와 마찬가지로 주로 '**객관적 세계**'를 반영*하는 지식으로 이해했습니다. 그러나 새로 확대된 사상의식 개념은 사람을 중심으로, 즉 사람의 요구와 이해관계를 반영한 지식, 감정, 의지를 모두 포괄하는 개념입니다. 이를 주로 '**사상의식**'이라는 표현으로 정의합니다.

---

* 반영론(反映論), Theory of reflection: 변증법적 유물론의 인식론. 변증법적 유물론은 물질과 의식을 절대적으로 분리 대비시켜 물질을 인식할 수 없다고 하는 불가지론이나, 인간의 인식 능력의 근원을 초자연적인 절대자에 두는 관념론과는 반대로, 인식을 물질의 최고로 발달한 조직인 인간의 뇌수의 움직임이라고 주장한다.

마르크스 이전의 형이상학적 유물론이나 속류 유물론과 질적으로 다른 점은 이들이 인식 작용을 관조적 비역사적으로 보며 비속한 생리 현상으로 환원하는 것에 대해, 인식론에 실천을 도입, 그것을 인식의 근원으로 하여, 인식을 최고로 발달한 물질 조직인 뇌수 기능으로 보고, 그로부터 관념적인 것의 독자성을 인정하는 데에 있다.

이 반영론에 의하면, 의식이란 물질의 반영이고, 그 내용은 역사적·사회적으로 규정되며, 그 진리성은 실천에 의해 검증된다고 한다. 반영은 일반적으로 물질의 발전단계에 따라 그 각각의 현상은 다르지만 물질 사이의 상호작용에 의해 생기는 현상이다. 인간의 주관이 객관적 사물을 반영하는 경우, 인간의 실천을 매개로 하여 감각기관, 신경조직, 그리고 물질의 최고로 발달한 조직인 뇌수에 의해 객관적 사물을 반영한다. 즉, 우리의 눈앞에 있는 물체의 모습은, 그것이 반사하는 빛에 의해 먼저 망막에 묘사되고, 신경을 자극하여 뇌수에 도달되어 직접적인 생생한 감각으로서 반영된다.

이들이 반복되는 가운데 사물의 개개의 감각을 종합한 '표상'이 형성된다. 그러나 이것은 사물의 현상의 표면을 반영한 데 지나지 않으며, 그 본질을 파악하는 데까지는 이르지 못한다. 인간은 그 표상에 기반을 두고 분석, 종합, 개괄을 통하여 객관적 사물의 본질적인 것과 부차적인 것, 필연적인 것과 우연적인 것을 구별, 현상의 뒤에 있는 본질을 개념이라는 형태로 반영하기에 이르고 객관적 법칙을 파악하는 이성적 인식에 이른다..(『철학사전』중원문화)

* 맑스주의가 객관적 대상을 반영한 대상중심 반영론이라면, 사람중심 사상론은 사람의 (자주적)요구를 중심으로 사물, 대상과의 이해관계를 반영한다는 의미에서 필자는 '사람중심의 반영론'이라 한다.

쉽게 말해 '사물중심' 사상개념이 '사람중심' 사상개념으로 발전했습니다. '사상의식'은 엄밀히 말하면 사람중심의 새로운 사상개념을 표현합니다. 사상의식은 의식의 핵이며 모든 사람의 행동을 조절통제하는 의식입니다. 지식을 넘어서 **'자신의 요구에 대한 자각'과 그 실현을 위한 감정, 의욕, 의지를 조절통제하는 의식입니다.**

사상이 지식영역에만 한정된다면 주로 (진보적)정치교양사업으로 진행할 수 있지만, 사상의식이 모든 인간 활동을 지휘하는 **'인간활동의 기본법칙'**이라면 사상이야기는 완전히 달라집니다. 인간의 모든 활동은 계획과 목표를 세우고 그 사업에 대한 의욕과 의지 정도를 결정하고 실천과정에서 조절, 통제하는 정신적 공정을 전제로 합니다. 이 정신적 공정을 담당하는 것이 바로 사상의식의 역할입니다. 사상사업은 단순히 지식교육, 교양의 대상이 아니라 모든 사업의 성패를 가르는 핵심요소로 됩니다. 이것이 새로운 사람중심 **'사상론'**의 요체입니다.

그래서 지식중심의 사상교양을 넘어서 포괄적 인간활동의 기본공정이라는 의미에서 **'사상사업'**이라는 말을 씁니다. 사상교양 사업은 사상사업의 한 형태로 주로 학습, 지식교양, 교육, 선전사업을 말합니다. 이에 반해 **당면사업에서 사상사업**'이라 함은, 기업이든 정당이든 목표로 한 당면사업을 추진하기 위해 사람들의 자각과 열정, 의지를 발동하는 사업입니다. **이는 합리적, 과학적 차원의 사상사업을 의미합니다.**

이 사상사업은 무조건 '하면 된다'는 정신승리 차원의 사업과는 무관합니다. 사상사업은 사람들이 원래 자주적, 창조적 존재이므로, 사람의 본성에 맞게 최대의 자주성과 창조성을 발동하는 과학적 방법입니다. 사람은 누구나 성격, 처지, 나이, 성별, 경험이 모두 다르기에, 사상사업은 사람의 마음을 이해하는 심리적 사업이 사상사업의 첫 공정으로 됩니다. 사람들이 자신의 요구와 주어진 과제와의 이해관계를 자각해가는 공정이 그 다음입니다. 왜 그 사업이 나에게 우리에게 중요한지 자각하고 반드시 실현하겠다는 의욕과 욕구가 만들어지는 공정입니다. 그것은 일의 주인으로 서서히 나서게 되는 과정이기도 합니다. 쉽게 말해 **사상사업은 사람들이 그 사업의 주인, 주체로 만드는 과학적, 인간적 공정입니다.**

만약 이 공정이 충분치 않으면 사람들은 정서적으로, 사상적으로 발동되지 않게 됩니다. 사람들이 왜 그 일을 하는지 잘 모르면 그 일에 대한 의욕도 떨어지며 당연히 그 방도를 적극적으로 찾지 않게 됩니다. 그 경우 일의 주체가 되는 것이 아니라, 반대로 일에서 멀어지고 **'대상화'** 됩니다. 대상화는 일의 손님이 된다는 말입니다. 일의 주체로 사람들을 준비하고 동원하는 사업을 다른 말로 그 목표사업에 대한 **'정치사업'(=사람과의 사업)** 이라고 합니다. 크게 보면 정치사업*은 사상교양과 더불어 주요한 사상사업의 두 기둥입니다.

---

* 정치사업; 사람들을 교양하고 발동하는 사업이다. 정치사업은 다른 모든 사업에 앞서 사람들을 사업의 목표와 의미를 자각하게 하여, 사람들이 열의와 높은 자각성과 적극성을 가지고 사업을 성과적으로 수행하도록 하는 사업이다.

한국에서 정치사업은 지배계급의 정치에서 비롯된 부정적 권모술수, 마키아벨리즘*의 이미지가 지배적이지만, 여기서 사용하는 정치사업은 긍정적 철학적 의미의 '**민중의 정치사업**'의 의미입니다. 사람들을 발동하는 긍정적인 사상사업의 의미로 씁니다. 모든 일에는 정치사업과 행정실무사업, 기술사업 등이 필요한데 특히, 정치사업을 '**행정실무사업**'이나 '**기술사업**'과 구별하여 사용하며 이를 '**사람과의 사업**'이라 표현하기도합니다. 이 사업이 주로 사람을 이해하고 발동하는 사업이기 때문입니다.

자본주의 사회에서 가장 흔하고 익숙한 사업방식은 '**관료주의적 사업방식**'입니다. 자본주의 사회에 관료주의가 흔한 이유는 국가나 기업이 대중을 주체로 만들 필요가 거의 없기 때문입니다. 아니 대중이 사업의 진짜 전모를 알고 주체로 될수록 골치가 아프기 때문입니다. 이명박 정부의 4대강 사업처럼 국가나 거대 조직은 고위직 일부 이외는 사업의 본질과 전모를 잘 알려주지 않습니다. 표면적 사업의 취지를 알려주는 정도입니다. 그래서 아래로 내려오면 "**까라면 까지 말이 많아**"라는 사업방식이 일반적으로 됩니다.

---

* 마키아벨리즘(Machiavellism); "국가의 운영이나 일반적인 행위에서 속임수와 표리부동한 방법을 동원하는 것"이라 설명하고 있다.("English Dictionary" Oxford)
국가의 유지, 발전을 위해서는 어떠한 수단이나 방법도 허용된다는 국가 지상주의적 정치사상. 이탈리아의 마키아벨리가 그의 저서 <군주론>에서 처음 주장하였다. 절대왕정 시대에 군주나 정치가가 목적달성을 위해서 수단을 가리지 않고 권모술수를 다하는 것을 마키아벨리즘이라고 부르게 되어서 그와 같은 정치이념·체계·방법일반을 가리키게 되었다. (『네이버 사전』)

자신이 관료가 아닌데 내가 무슨 관료주의 사업방식이냐고 하는 분들이 많은데, 자신이 고위직이 아니라도 자기도 모르게 관료주의 방식으로 사업하는 것은 흔합니다. **현장의 실정과 관계없이 위에서 내리먹이는 사업방식이 자본주의 사회의 가장 흔한 사업방식으로 확산되어 있기 때문입니다.** 정도의 차이는 있지만 일반인들도 진보정당에도 진보적 노동조합에도 이런 사업방식은 자주 발견됩니다. 진보정당과, 단체들도 사람들을 사업의 주체로 만드는 제대로 된 정치사업에 실패하면 관료주의적으로 사업하게 됩니다. 목표는 진보인데 사업방식은 보수인 셈입니다.

진보정당과 단체의 사상교양사업이 주로 진보정책과 정세, 노동자, 민중의 정치관을 갖는 일반적 정치선전과 지식교양사업이라면, **정치사업은 구체적 사업과제에 대해 사람들을 교양하고 사람들의 열정을 발동하여 그 사업의 주체로 나서게 하는 사업입니다.** 정치사업에서 일하는 사람들의 상호이해와 단합은 필수적입니다. 그래서 '**마음과의 사업**'이라고도 합니다.

정치사업은 기본적으로 대중이 가진 무궁한 힘을 발동하는 사업입니다. 관료주의 사업방식이 있는 곳에서 대중이 가진 큰 힘을 제대로 발동할 수 없는 것은 당연합니다. 대중의 무한한 힘을 실제로 발동한 승리의 경험도 중요합니다. 그러한 경험이 없다면, 대중은 대중 자신의 힘을 잘 믿지 않게 되기 때문입니다.

관료적 사업방식은 정도의 차이는 있지만 누구에게나 어느 곳에서나 발생되며 정확히 진보적 사업방식과 반비례 관계입니다. 충분한 정치사업이 없다면 그것이 바로 관료주의 사업방식이 자라는 터전이 됩니다. 사상사업(교양사업과 정치사업)은 대중사업과 대중노선의 기초로 됩니다. 사상사업과 대중사업은 상반되거나 분리되지 않습니다. 사상사업을 잘 할수록 대중사업은 잘 됩니다.

진보운동의 3대 노선은 1) **사상(사업)노선 2) 정치노선 3) 조직노선**입니다. 사상사업노선을 중심으로 정치노선과 조직노선이 따라오는 관계입니다. 사상사업이 없는 정치노선과 조직은 모래 위에 쌓는 성과 같습니다. 노동운동, 농민운동, 청년운동, 학생운동, 조합운동, 정당운동은 모두 사상사업을 통해서 사람과 정치(제도)를 동시에 혁신하여 종국적으로 집권하는 운동이라 볼 수 있습니다.

너를 기다리는 동안

황지우

네가 오기로 한 그 자리에
내가 미리 가 너를 기다리는 동안
다가오는 모든 발자국은
내 가슴에 쿵쿵거린다
바스락거리는 나뭇잎 하나도 다 내게 온다
기다려본 적이 있는 사람은 안다
세상에서 기다리는 일처럼 가슴 애리는 일 있을까
네가 오기로 한 그 자리, 내가 미리 와 있는 이 곳에서
문을 열고 들어오는 모든 사람이
너였다가, 너일 것이었다가
다시 문이 닫힌다

사랑하는 이여
오지 않는 너를 기다리며
마침내 나는 너에게 간다
아주 먼 데서 지금도 천천히 오고 있는 너를
너를 기다리는 동안 나도 가고 있다
남들이 열고 들어오는 문을 통해
내 가슴에 쿵쿵거리는 모든 발자국 따라
너를 기다리는 동안 나는 너에게 가고 있다

12 '연꽃 정치'를 추구하는 자주사상, 진보사상

사람은 동물과 다르게 먹고, 자고, 쉬고, 번식하는 생물학적 요구를 실현할 때 가장 큰 행복을 느끼지 않습니다. 자신의 사회적, 자주적 요구를 실현할 때 가장 본질적 행복을 느낍니다. 사람이 잘 살려는 생존권, 주거권, 교육받을 권리, 일할 권리(일자리), 행복추구권, 인권 등의 응당한 자주적 요구는 거의 대부분 사회적 요구이며 사회적으로 실현됩니다.

올여름에도 서울 신림동 반지하에 사는 일가족 3명이 폭우로 빗물 유입을 피하지 못해 사망했다는 비참한 소식을 들었습니다. 비만 오면 수해를 걱정하는 반지하에 거주하는 서울시민이 아직도 20만 가구가 넘는다고 합니다. 십년 전 반지하 수해 사고 때도 서울시는 침수지역 반지하 신설을 금지하고 퇴출시킨다는 정책을 내놓았습니다. 그러나 말뿐입니다. 그때뿐입니다. 헌법이 보장한 행복추구권 차원에서 침수 지역만이 아니라 주거시설로 반지하 자체를 전면 금지하고 새로운 삶터를 국가는 제공해야 합니다. 아마 앞으로도 시민이 직접 나서지 않는 이상 이러한 참사는 반복될 것입니다.

이뿐 아니라 대부분 사회문제가 그렇습니다. 한국은 여전히 산재왕국입니다. 2021년에도 2080명이 산재로 사망합니다*. 2016년 5월 지하철역에서 스크린도어를 수리하다 숨진 열아홉 살의 '구의역 김군', 2018년 12월 충남 태안화력발전소에서 컨베이어벨트에 끼여 세상을 떠난 스물네 살의 김용균, 2021년 4월 경기 평택항에서 300kg 컨테이너 날개에 깔려 목숨을 잃은 스물세 살 이선호, 10월 전남 여수시 요트 선착장에서 배에 붙은 따개비를 따다 바다로 가라앉은 뒤 돌아오지 못한 열일곱 살 홍정운의 죽음 등 여론에 기사가 오르지만, 그때뿐입니다. 이는 사실 산재사망이 아니라 산재방치 사망입니다.

고등학교에서 **'참사람'**, **'된사람'**을 키우는 전인교육이 중요하다고 아무리 교과서에서 강조해도 그것을 믿는 사람은 거의 없습니다. 입시교육 앞에만 서면 모두 공염불이 되기 때문입니다. 대안학교를 만들어 참교육을 한다고 해도 이는 제한적이며, 대다수의 학생들은 학교를 통해 개인주의 경쟁심을 먼저 몸으로 배웁니다. 협조와 단결이 아니라 자본주의 경쟁과 생존논리를 먼저 습득합니다.

유명한 교육자 에버레트 라이머(Everett Reimer)는 그래서 **"학교는 죽었다."**** 라고 일갈했습니다. 아이들의 창의성은 원래 다양한데 입시위주 학교교육은 아이들의 자주성과 창조성을 서서히 죽입니다. 아

---

* 「죽음의 문턱서 돌아온 산재 청년 187명, 그들은 누구인가」, 『한겨레』 2022. 07. 11.
** Everett Reimer, 『학교는 죽었다(School is Dead)』

이들의 능력은 원래 각기 다양하고 뛰어나지만 학교는 성적순 하나로 서열화합니다. 인생의 꽃다운 청춘시기 아이들이 이렇게 자라는 것은 시대의 불행입니다. 한국교육이 정상화되려면 입시제도와 학벌, 학위로 취업이나 급여가 차별되는 구조는 사라져야합니다. 이는 종국적으로는 정치개혁의 문제로 귀결됩니다.

한때 미국 대선 슬로건으로 유행했던 **"바보야, 문제는 경제야"**(Stupid, it's Economy)라는 표현이 아직도 한국에서는 유행인데, **"바보야, 문제는 정치야."** 라는 말이 한국사회에 진짜 필요한 말이라 봅니다. 경제가 아무리 규모가 커져 성장해도 정치가 후진국이면 그 나라는 후진국을 면할 수 없습니다.

사회의 발전 수준을 경제규모나 돈으로만 규정하는 것은 지난시기의 낡은 기준입니다. 사회발전 수준은 경제와 함께 다수대중을 대변하는 정치수준에 의해 결정됩니다. 경제민주화를 주도하는 것도 정치이기 때문입니다. 왜냐하면 경제성장 규모가 아무리 커져도, 대부분의 근로대중은 무시당하고 그 성과를 누릴 수 없다면 **'빛 좋은 개살구'** 이기 때문입니다.

한국인들도 분단 70여 년의 정치적 격동기를 치치며 문제는 산업화와 경제규모가 아니라는 것을 인식해갑니다. 한국정치를 바로잡지 못하면 이 나라의 미래가 없다는 것을 서서히 깨달아 갑니다. 그럼에도 여전히 국민은 보수언론과 수구보수정당의 자화자찬 선진국 논리와 홍보에 압도되어 오늘날 한국 정치현실이 매우 한심하고 개탄스러운 후진국 정치의 전형이라는 것을 아직은 잘 모릅니다. 한국정치인들과 언론, 권력기관들이 얼마나 대외적으로 자존심과 줏대라고는 아예 없는 미국의 앵무새인지 아직 잘 모릅니다.

최근 미국의 앞마당으로 여겨져 온 콜롬비아에서 게릴라 출신 좌파 대통령 구스타보 페트로(Gustavo Petro)가 당선됐다고 합니다. 경제적으로 한국보다 덜 발전된 중남미에 남미 좌파 블록을 뜻하는 '핑크 타이드'*(Pink Tide)가 한층 더 강화되고, 근로대중을 위한 진보정부, 자주정부가 속속 등장하는데 한국이 예외인 이유는 무엇일까요?

한국에서 정권이 교체되어도 극우보수(국민의힘)와 온건보수(민주당)를 시계추처럼 오갈 뿐 근로대중을 위한 진보정권교체는 한 번도 없었습니다. 그 근본적 이유는 사상의 자유를 허용하지 않는 헌법 위

---

* 핑크타이드 (pink tide); '분홍색 물결'이라는 뜻으로 중남미의 우파정권이 무너진 이후 90년대 말부터 도미니카 공화국, 베네수엘라 등지에서부터 시작하여 중남미 전반에 걸쳐 좌파 정부가 연쇄적으로 탄생한 현상을 의미한다. 이들 남미 좌파들은 과거 쿠바, 니카라구아, 베네수엘라 등의 전통적 좌파(red tide)와도 차이가 난다. 선거를 통해 집권하며 대체로 사회주의 강령이 강하지 않은 특징을 갖고 있다.

2018년 말 이후 멕시코·아르헨티나·페루·칠레, 콜롬비아 등 중남미 국가 선거에서 줄줄이 우파에서 좌파로의 정권교체가 이뤄지면서 핑크타이드 부활을 알렸다. 오는 10월 브라질 대선에서 좌파 후보인 루이스 이나시우 룰라 다시우바(77) 전 대통령이 당선되면 사상 처음으로 중남미 주요 6개국(브라질·멕시코·아르헨티나·콜롬비아·칠레·페루)에 모두 좌파 정권이 들어서게 된다.

의 '국가보안법 체제' 때문일 것입니다. 선거와 투표의 자유가 있어도, 사상의 자유가 원천적으로 보장되지 않는 선거와 투표는 기울어진 운동장의 편파적 경기 같기 때문입니다.

전근대적 야만적 국가보안법체제와 종속적 한미동맹체제 터전 위에 서 있는 한국 미디어 생태계는 심히 편파적입니다. 부실한 언론관계법과 '조중동'으로 대표되는 극보수언론의 농간으로 한국 언론은 다수국민과 근로대중을 위한 언론과 신문이라기보다는 기득권체제의 핵심적 일부가 되었습니다. 정치의 보도자가 아니라 개입자이며 민심의 흐름을 기득권세력의 이해관계에 맞게 교란하는 적극적 행위자입니다.

한국 언론의 가장 큰 특징은 진짜 진보언론과 좌파언론이 거의 없다는 것입니다. 조선, 동아, 중앙 등 극우보수언론은 말할 것도 없습니다. 조금 낫다고 하는 〈경향신문〉도, 87년 6월 항쟁의 성과로 탄생했다는 〈한겨레신문〉도 분단기득권 논리의 반복, 친미, 친자본주의 보수편향은 크게 다르지 않습니다. 어찌 보면 한겨레신문의 퇴색과 한계가 한국 언론의 한계를 그대로 반영한다고 봅니다.

한국 언론에 균형은 없습니다. 한국 언론의 95%는 보수언론입니다. 한국진보가 유력한 대중매체 하나 없이 한겨레, 경향에만 기대는 것은 어리석은 일입니다. 진보는 신문형태가 아니더라도 새롭게 급변하는 미디어 환경에서 독자적인 유력한 대중 선전매체를 가지고 있어야 합니다. 한국진보가 독자적인 대중매체 하나를 건설하지 못하고 이러한 불균형을 개선하지 못한다면 진보집권은 불가능합니다.

사회는 GDP나 생산력과 경제가 아니라 정치가 사회의 중요한 것을 결정합니다. 다 같이 잘사는 경제의 방향과 고른 분배의 수준을 결정하는 것도 경제가 아니라 정치입니다. 정치가 사회전체를 규제하는 것은 정권이 가진 절대적 힘 때문입니다. 거대자본의 경제권력도 정치권력의 힘을 빌리지 않고는 자신의 경제권력을 유지조차 못합니다. 세상에서 사람의 힘이 가장 큽니다. 그 사람을 지휘하고 처분 통제하는 힘이 바로 권력이고 정치입니다. 따라서 세상에 정치권력보다 더 큰 힘은 없습니다.

정치를 바꾸지 않고 사회가 건강해지고 개인이 행복해지는 것은 불가능합니다. 종교도 경제도 문화도 정치를 대신해 문제를 해결해 줄 수 없습니다. 정치가 이렇게 중요한데도 사람들은 정치에 큰 관심이 없습니다. 아니 무관심하도록 길들여져 있습니다. 한번도 진짜 근로대중을 위한 정치를 경험한 적이 없기 때문입니다. 대중의 정치적 무관심은 기득권 정치세력에게는 호재입니다. 대중이 보수정치의 본질을 알수록 그들이 설 자리가 없어지기 때문입니다. 그것이 기득권 정치가 선거와 투표를 홍보 독려하면서도 대중들의 본격적 직접 정치 참여를 싫어하는 이유입니다.

한국 국민들은 한국 정치가 더럽고 위험하다는 것을 잘 압니다. 잘 나가는 주변 지인들에게 "정치를 절대로 하지마라"(노래 「아들아 정치만은 하지마」(N.EX.T))는 조언도 자주 합니다. 그러나 **원래 정치가 더러운 것이 아니라, 보수 정치가 더러운 것입니다**. 지배계급의 정치와 통치술이 더러운 것입니다. 기득권 정치에 정치를 맡기는 것은 고양이에게 생선을 맡기는 것과 같습니다. 한국 대의제 민주주의가 이미 절반은 죽었습니다. 선거와 투표만으로는 후진적 한국정치를 절대로 바꿀 수 없습니다. 민중들이 참여하고 대표로 나서는 직접 정치시대를 열어야 한국정치가 민주화, 자주화됩니다.

정치는 더러운 것이 아니라 신성한 것이어야 합니다. 민중과 근로대중을 행복하게 할 유일한 현실적 대안이 정치이기 때문입니다. 문제는 더러운 정치를 신성한 정치로 만드는 역사적 과제를 누가 어떻게 구현할 것인가 입니다. 이것을 추진할 세력은 민중자신밖에 없습니다. 스스로 민중 자신을 위한 정치를 개척하지 않는 이상, 세상은 어떤 구원도 자유와 행복도 거저 주지 않습니다. 결국 민중 자신이 깨우치고 조직화하여 새로운 **'민중정치'**를 만들어야 합니다.

착하게 살려는 사람들이 고민과 투쟁 끝에 결국 만나는 것이 더러운 현실정치입니다. 순진했던 사람들이 분노하며 나서게 되는 것도 정치입니다. 도둑고양이에게 생선을 맡겨서는 나라의 민주주의와 자주화, 통일문제도 공염불입니다. 근로대중이 노동자, 농민문제를 넘어 정치를 직접 해야 하는 이유입니다. 평범한 근로대중이 **'직접 정치하기'**에 나설 때 비로소 사회가 바뀌기 시작하고 만인은 행복해집니다.

지배계급의 정치와 통치는 권모술수가 능한 정치꾼들의 수작이지만, 근로대중을 위한 새로운 정치는 속고 당하고만 살던 근로대중 자신이 단결과 협조로 진행하는 헌신이자 아름다운 봉사입니다.

연꽃은 진흙의 더러운 오염 물질 속에서도 물을 정화시키고 산소를 만들어낸다고 합니다. 흙탕물 속에서 더러움에 물들지 않고 그것을 극복하며 맑고 아름다운 꽃을 피운다고 합니다. 근로대중을 위한 진보정치는 연꽃과 같습니다. 희망의 파랑새는 멀리 있는 것이 아니라 대중 스스로 직접 펼치는 **'연꽃정치'**가 구원과 인류의 희망입니다.

인간극장, 꼬마 승태*

이정훈

매주 목요일 5시 저녁 먹을 때면
'KBS 인간극장'이 감옥의 반찬이다

사람 사는 세상 구석구석 찾아가니
기부 왕 김장훈, 떠돌이 목수 길수씨
영국인 사위 데니스……
사람마다 인생마다 속사연도 많구나

플라스틱 수저를 들며
이번 주는 누굴까?

우리 막내 어린시절 똑 닮은
천진한 표정 6살 승태
승태 형, 민태
어쩌다 두 형제가 눈이 안 보이는 걸까?

엄마가 집 앞 슈퍼에 승태 손 놓고
잠시 나간 사이
승태는 맛있는 과자 천국

---

* 필자가 2008년 전주교도소 수감 중 'KBS 인간극장' 방송을 보고 쓴 산문시입니다.

슈퍼가 마냥 즐겁다
가게를 혼자 돌며 걷다
얼굴이 '딱!' 소리와 함께
허공에서 부딪친다

『돌출된 진열대』

눈에는 눈물이 글썽
어린 손이 피나고 부어오른 입술로 금방 간다
"다쳤니? 아프니?"
"아니 안 아파요." 습관처럼

갑자기 수저가 맥없이 내려간다
아 - 저 아이가
얼마나 더 많은 세월을
허공에서 저리 부딪치며 살아갈까

집 앞 둔덕 길 스무 계단은
승태의 놀이터
성큼성큼 다 보이는 듯 빠르게 오르는
형이 부럽다
승태는 저 마지막 계단까지
오르고 싶은데
오늘 바로 그 마지막 계단을
조심스레 밟았는데

승태는 그 계단의 끝이 어디인 줄 모른다

아빠와 함께 오르는 인왕산
두려운 발에 뒤쳐진 승태
아빠는 목마를 태우고
승태는 바람으로 높이를 느낀다

신이 나서 생글 웃으면서도
"누가 내려줘요?"
"아빠가 내려주지."
목마 탄 기쁨보다
혼자 힘으로 내려갈 땅이
걱정이다. 습관처럼

눈을 뜨면
세상에서 제일 보고 싶은 것이
예쁜 엄마얼굴이란
아이들 말에
눈물도 한숨도 많았을 엄마

저녁마다 아이들을 목욕시킬 때면
다리, 팔, 얼굴에 새로 생긴
멍든 상처들
지나온 날들도 함께 씻으며

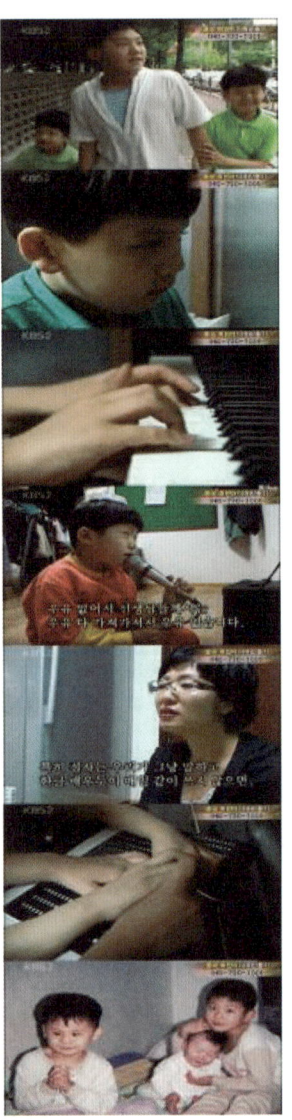

엄마는 애써 무심해야한다

엄마가 지금 울면
승태와 민태는 스스로 강해질 수 없다
언젠가는 너희들도 스스로 서야한다
엄마의 속눈물을 승태는 들을 수 없다

나는 먹은 그릇을 씻으며
한강에서 목숨 걸고 떨어졌던
시각 장애인들과
아이들에게 물려주어야 할
인정 많은 내 나라를 한 번 더 생각해본다

민주주의 국가에서
엄마의 마음과 나라의 마음은
같아야한다

그것이 나라라고
그것이 목숨 바칠 이유가 있는
진짜 국가라고

인왕산에 올라 힘차게 연주한
너희 형제의 바이올린처럼
울려라 세상에 희망의 노래를.

KBS 인간극장(2008.5.27),
〈누상동에 별이 떴다〉

13 진검승부, 인간활동의 철학적 원리

새로운 정치가 필요하다는 것을 많은 사람이 공감하지만 새로운 정치가 결코 쉽지는 않습니다. 낡은 정치를 유지시키는 힘이 강하기 때문입니다. 새로운 정치와 낡은 정치는 지혜, 도덕, 인내, 의지, 신념과의 싸움이며, 결국 이것이 만들어내는 힘과 힘의 대결입니다. 근로대중을 위한 새로운 진보정치를 실현할 거대한 힘은 어디에서 나오는 것일까요? 그 힘은 오로지 자신이 세상의 주인이라는 진리를 자각한 민중, 근로대중 자신입니다. 이것을 이길 힘은 세상에 없습니다.

학교는 인간은 존엄하며 사람보다 귀중한 것은 없다고 가르칩니다. 그러나 현실 속 자본주의 사회에서 거대자본과 통치자들은 겉으로는 사람이 귀하다고 말하지만, 사실 사람보다 돈을 귀하게 여기며 돈보다 큰 힘은 없다고 봅니다. 세상을 창조하고 움직이는 것도 돈의 논리와 자본이라고 봅니다. 사람을 자본에 종속된 부속품과 피동적 존재(노동력상품)로 봅니다. 근로대중을 우매한 존재로 보며, 결코 세상의 주인으로 대하지 않습니다.

윗물이 맑아야 아랫물도 맑은데, 이러한 지배층의 인식이 전 사회적으로 확산되면 사람은 실제로 귀한 존재가 아니라 하찮은 존재로 느껴집니다. 한국영화 〈베테랑〉에 나오는 재벌 3세 '조태오'(유아인 분)의 노동자에 대한 태도는 현실과 크게 다르지 않습니다. 예술과 영화는 현실을 모방하는데, "한국 현실은 영화보다 더 영화 같다"는 말을 자주 듣습니다. 영화 속 인상적인 장면인 '야구방망이 구타사건'은, 실제 운송업체 M&M의 전 사주인 최철원이 50대 운수 노동자를 야구방망이로 구타한 사건(이른바 매값 폭행사건)과 한화그룹 김승현 회장이 아들에 대한 쇠파이프 보복 폭행 사건에서 소재를 찾은 것 같습니다.

자본주의 사회의 정부기관, 정당, 언론, 사법부, 검경, 대기업문화가 그 사회의 문화와 인권, 그리고 전반적 사업기풍과 방식을 주도하는데 대체로 이들 기관의 사업방식은 국민과 근로대중을 나라의 주인으로 여기지 않고 그저 통치의 대상으로 봅니다. 그러나 그들도 민중과 근로대중의 힘이 없이는 사회유지가 불가능하다는 것을 잘 압니다. 그것이 그들이 말과 실행이 다르고 겉과 속이 다른 이유입니다.

국민과 근로대중을 통치의 대상으로 또 생산을 위한 종속적 관리지배의 대상으로 보면, 사람을 대하는 방법도 설득과 양해가 아니라 위로부터 누르고 압박하고 쪼아대는 것으로 나타납니다. 즉 일방적 지시명령에 따르는 관료주의적 방법과 행정실무주의가 만연하게 됩니다. 일반인의 상식과 본성을 거스르는 국가나 기업의 정책과 사업방식도 일상에서 흔하게 마주치게 됩니다.

인간은 원래 타율적으로 통제할 때만 일하는 피동적 존재가 아닙니다. 사람의 본성이 원래 타율적인 것은 아닙니다. 문제는 자본주의 사회의 규칙과 작동방식에 있습니다. 자본주의가 사람을 움직이고 자극하는 방식은 사무적 명령이나 돈, 보너스, 인센티브 이외에는 사실별로 없습니다. 아니 그냥 강압적 힘으로 밀어붙이기도 합니다. 극단적 부익부 빈익빈을 법적으로 허용하는 자본주의 자체가 도덕적이지 않기에, 공익이나 도덕과 명분 등으로 근로대중을 자극하는 것이 불가능합니다. 인간의 자주성과 창조성을 원천적으로 끌어낼 수 없는 것은 자본주의 체제의 한계이자 모순입니다.

진보는 사람을 자주적 창조적 존재로, 사람을 사업의 주인으로 대하는 원칙을 중시합니다. 인간을 원래 협력과 단합을 지향하는 선하고 능동적 존재로 보기 때문입니다. **사람의 본성에 맞게 철학적으로 정치사업을 해야 승리한다는 것이 진보정치의 원칙입니다.** 사실 이것은 정치사업뿐 아니라 인간의 모든 경제, 문화사업에서도 마찬가지입니다. 통속적인 말로 바꾸어 말하면 사람의 자주성과 창조성을 발동하는 것은 일종의 "사람 사용설명서"입니다. 사람의 본성이 그렇게 생겨먹었기 때문에 그에 맞게 일을 벌일 때 일하는 사람도 사업결과도 만족스런 결과가 나온다는 이야기입니다.

사람은 남의 일이 아니라 자기가 주인일 때 열성을 냅니다. 근로대중의 이익을 대변하는 진보정당이 집권하면 주요기업(생산수단)의 국유화, 공유제를 정강으로 내겁니다. 진보정당이 집권해야 자본주의를 민주적으로 통제하고 근로대중을 기업과 공장의 주인, 공동경영의 주인으로 만드는 다양한 공동소유, 국가소유제 실현가능성이 열립니다. 동시에 진보정당과 진보적 정권은 사람들을 피동적 통치의 대상에서 사업의 능동적 주인, 주체로 대하는 정치사업을 국가적 차원에서 벌이게 됩니다. 물론 이러한 공유제 경험은 아직 인류 역사적으로도 부분적이며 21세기는 거대한 정치실험장이라 판단됩니다.

인류철학사는 본질적으로 인간에 대한 탐구의 역사였습니다. 인간을 뇌가 발달한 합리적 고등동물로 보는 견해, 인간을 영적(정신적) 존재로 보는 견해, 인간이 원래 이기적이고 악하다는 견해 등 수많은 인간론이 있었습니다. 인류가 현재까지 밝힌 인간의 특성에 대한 가장 발전된 유물론적 견해는 사람은 자주성, 창조성, (사상)의식성을 가진 사회적 존재라는 정의입니다. 이러한 인간의 자주적 본성은 선한 것입니다. **인간은 단합 협조하며 서로 사랑하며 살아가는 존재라는 것입니다. 인류가 만든 다양한 계급사회는 이러한 인간의 본성에 맞지 않기에 계속 혁명이 일어나고 교체됩니다.**

경제공황이 반복되어 자본주의 모순이 심화되어 민중의 삶이 파탄되어도 대중의 사상적 자각과 준비가 없다면 대중은 정치혁명의 주체로 나서지 못합니다. 반대로 민중의 사상적 준비가 강하면 사회 환경의 유불리와 관계없이 대중은 세상 변화의 중심주체가 됩니다. '1987년 노동자 대투쟁'은 저금리, 저달러, 저유가가 바탕이 된(3저 현상) 한국경제의 호황기에 발생했습니다. 반대로 1997년 IMF 경제위기 당시, 한국 노동계급은 대다수 속절없이 비정규직의 나락으로 떨어지면서도 완강한 저항 없이 당했습니다.

정강과 좋은 진보정책만으로 진보승리는 불가능합니다. 모든 힘은 사람으로부터 나옵니다. **사람(민중)을 어떻게 대하고 그 창조력을 발동하는가에 따라서 정치혁명이 성공하기도 하고 실패하기도 합니다.** 그래서 **'사람과의 사업'**이란 새로운 철학적 개념이 등장합니다. 진보정당은 세련된 정강 정책을 이해하고 만드는 것도 중요하지만, 더 중요한 것은 **사람에 대한 철학과 대중관을 새로 세우고, 사람을 존중하고 발동하는 '사람과의 사업'에 공을 들이는 것입니다.** 진보정당과 사회단체가 대중(사람)을 어떻게 보고 철학적으로 대하는가 하는 문제가 정치혁명과 집권의 가장 관건적 문제로 됩니다.

'사람과의 사업'은 본질에 있어 사상사업입니다. 즉 사상의식을 가진 사람과의 사업입니다. **사람의 세계관, 인생관, 가치관, 행복관, 욕망, 일에 대한 자각과 열정과 창조성, 일하는 품성, 작풍과 윤리도덕관은 모두 사상의식으로부터 나오기 때문입니다.** 근로대중은 지배층과 자본이 만든 사상이 몸에 맞지 않습니다. 민중은 자기 자신의 요구와 자기본성에 맞는 자기 옷, '자주적 사상의식'을 가질 때 가장 자유롭고 인간다움을 느낍니다. 사람은 자주성실현 과정에서 행복을 느끼는 존재입니다. 사람의 자주성과 창조적 열정도 사상의식에 의해 담보됩니다. 그래서 사람을 '사상적 존재'라고 합니다.

사상사업은 세대와 세대를 이어가는 장기적 전략적 사업입니다. 물론 사상사업에는 당면과제 실현을 위해 단기적, 집중적으로 사람을 발동하는 사상사업, 즉 선전, 선동과 사람의 마음을 헤아리고 소통하는 정치사업도 있습니다. 그러나 **사상사업의 본질은 기술이 아니라 인간사랑입니다. 인간에 대한 인내와 사랑이 없으면 사상사업도 공염불입니다**. 거대한 민중과 사람들의 세계관, 인생관이 하루아침에 쉽게 바뀌지는 않습니다. 심지어 역사적 경험을 보면 사회주의 정치혁명이 성공해 사회주의 제도로 바뀌어도 사람들의 낡은 생각은 쉽게 바뀌지 않습니다.

진보정당의 집권 준비과정에서 정치노선에 대한 정립은 기본이며, 더 중요한 것은 **'사람과의 사업', '사상사업 혁신'의 훈련과 경험축적일 것입니다**. 진보정당이 설사 우연히 집권에 성공해도 사상사업, 사람사업에 대한 준비정도가 낮거나 그 개념이 없는 정당은 얼마 못 가 무너진다는 것을 역사는 보여줍니다. 인간이 사상적 존재이기에 진보정당, 진보단체 사업이 사상사업에 서투르면 집권에 성공할 수 없습니다. 좋은 뜻도 힘을 만들지 못하면 공염불입니다. 진보는 좋은 제도에 관한 정책이나 선전으로 성공하는 것이 아니라, 본질적으로 사람과의 사업으로 승리합니다.

아프고 가난한 사람들을 위한 종소리

이산하

"새벽 종소리는 가난하고
소외받고 아픈 이가 듣고
벌레며 길가에 구르는 돌멩이도 듣는데
어떻게 따뜻한 손으로 칠 수 있어."
안동 일직교회 종탑 아래에는 이런 글귀가 있다.
동화작가 권정생 선생이 이 교회 종지기로 있을 때 남긴 글이다.
작고 낮고 가벼운 존재들을 따뜻하게 품는 동화를 썼던
그는 종을 치는 순간에도 세상의 버려진 것들을 떠올렸을 것이다.
10년 전에 떠난 권선생은 평생 가난과 병에 시달렸다.
심한 결핵으로 콩팥 한쪽과 방광을 떼어내기도 했다.
평생 몸무게가 37kg을 넘지 못했다.
교회 단칸방에 살며 15년 동안 새벽마다 빠짐없이 종을 쳤다.
또 틈틈이 '강아지 똥'이나 '몽실언니' 같은
뛰어난 동화들을 써서 수백만 독자들의 가슴을 울렸다.
종지기를 그만둔 뒤에도 교회 근처에
8평짜리 흙집을 짓고 세상을 떠날 때까지 살았다.
밤에 쥐가 방에 들어오면 내쫓지 않고 먹거리를 찾아주었다.
베스트셀러 작품이 많아 돈도 많이 벌었지만

'한 달 생활비가 5만원이면 좀 빠듯하고
10만원이면 너무 많은 소박한 삶'을 놓지 않았다.
그렇게 평생 모은 돈 12억원을 아프고 어려운 아이들을 위해
써 달라며 고스란히 남기고 눈을 감았다.
"이 돈은 어린이가 사 보는 책에서 나온 인세이니
어린이에게 되돌려주는 것이 마땅하다"는 게 그의 유언이었다.
오래 전 인사동에서 〈혼자만 잘 살면 무슨 재민겨〉의 저자인
전우익 선생과 함께 만났던 권선생의 모습이 아련히 떠오른다.
동시에 봉화 청량사 여행 때 전우익 선생이 한 말도 떠오른다.
"권정생 형은 진짜 훌륭한 성자지. 그런데 우리 문단에는
왜 권정생 같은 걸출한 작가가 다시 안 나오지?"

14 진보간부는 무엇이 다른가?

역사의 주인은 민중*이고 모든 힘은 대중으로부터 나옵니다. 그러나 대중은 처음부터 저절로 역사의 유능한 주인 주체로 되지 않습니다. 흩어진 대중의 힘은 모래알처럼 약합니다. 자신의 사상으로 뭉치고 조직화된 대중만이 콘크리트 같은 단결의 위력으로 세상을 바꾸는 위대한 힘을 발산합니다.

어느 날 자고 일어나니 세상이 바뀌어, 하루아침에 민중이 역사의 주체로 나서는 진보역사는 없습니다. 어느 나라 성공한 진보정부가 출현하기 전에 무수한 실패와 좌절의 경험을 거치며 진보세력이 점차 성장합니다. 길게는 수십 년의 준비기간이 필요합니다. 근로대중이 주인이 되는 진보정부를 준비하는 과정은 사실 진보간부를 준비하는 과정이라고 봐도 과언이 아닙니다. 진보간부가 어느 정도 준비되고 대중사업 수준이 높아지면 자연스럽게 대중의 신뢰와 지지가 높아지기 때문입니다.

---

* 북녘에서는 인민대중, 남에서는 국민대중 일반적으로는 민중이라 합니다. 조금씩 의미와 어감이 다르지만 여기서는 유사한 개념으로 사용합니다.

진보운동에 먼저 나선 사람들을 **선각자(先覺者)**라 합니다. 먼저 깨달은 사람들이라는 의미입니다. 어느 나라든 진보운동은 소수에서 시작해서 다수의 전민중적, 전민족적 운동으로 전환됩니다. 진보운동에서 먼저 나선 사람들의 대중관, 사상(사업)관은 운동의 성패를 규정하는 매우 결정적 요소입니다. 아무리 오랜 시간 준비해도 거대한 대중을 사업의 주체로 내세우지 못한 진보운동은 집권에 실패합니다. 설사 일시적 유리한 정세와 정치공학으로 우연히 집권해도 유지에 대부분 실패합니다.

자본주의 사회의 국가나 기업의 간부와 새로운 사회를 추구하는 근로대중을 위한 진보정당, 진보정부의 간부, 즉 진보간부의 가장 큰 차이는 무엇일까요? 자본주의 사회에서는 '**간부론**'을 흔히 기업 '**리더쉽이론**'(=지도력이론)으로 설명합니다. 자본주의 사회 기업은 이윤과 일의 결과에 초점이 맞추어 있습니다. 따라서 이 리더쉽이론 의 가장 큰 한계는 사람을 가장 적은 비용으로 효율적으로 관리하는 것이고 사람을 성과나 이윤의 수단으로 먼저 본다는 점입니다.

이런 리더쉽이론에서 사회공익과 사회발전에 대한 이익은 후순위이며 구성원간 전인적 인간관계는 처음부터 불필요합니다. 대체로 계약에 기초한 일 중심, 성과 중심의 제한적 인간관계면 족합니다. 회사의 이익과 나의 이익은 크게 일치하지 않기에 노동자가 월급만큼 일하려 하는 것은 어찌 보면 당연합니다. 이 모순을 해결하기 위해 리더가 대중을 움직일 수 있는 전형적 수단은 차별화된 추가적 보너스와 인센티브입니다. 개인간 노력경쟁과 차별을 유도하고 성과를 평가합니다. 물론 공정한 인간관계, 사업의 비전과 소통을 강조하는 것은 일반 리더쉽의 기본입니다. 그러나 사람을 발동하는 기본은 물질적 동기와 자극입니다. 집단주의 팀정신은 부차적 수단으로 됩니다.

반면 진보의 리더쉽은 한마디로 '**집단주의 리더쉽**'(=집단주의 지도력)입니다. 처음부터 집단과 공동체의 이익을 개인의 이익에 앞서 놓습니다. 집단이 발전하면 개인도 이익을 보는 관계입니다. 그러나 여기서도 공동목표에 대한 개인들의 의식적 노력과 협력이 없이는 일의 효율성이 높아지질 않게 됩니다. 공동체에서 개인의 열정을 자극하는 것은 돈보다 공동체를 위한 헌신과 사상의식이 기본입니다. 자본주의가 이윤과 물질적 동기를 일차적으로 사람을 움직인다면 진보는 사상과 정신적 자극을 기본으로 움직입니다.

진보간부와 자본주의 기업형 간부는 처음부터 사람을 움직이고 발동하는 환경, 목적, 방식 등이 기본적으로 다르다는 것을 알 수 있습니다. 물론 소통능력, 사람을 보는 능력, 일의 책임에 대한 도덕성, 전략적 사고와 실무능력 등 리더가 갖추어야 할 기본적 공통자질이 없다면 진보고 보수고 무의미한 이야기입니다. 진보 간부에게 가장 중요한 자질은 전문성도 있으나, 더 중요한 것은 대중의 마음을 읽고 대중을 발동하는 능력입니다.

진보간부에게 가장 중요한 능력은 대중이 정말로 유능하다는 것을 진실로 믿는 것입니다. 대중 속에서 대중자신도 잘 모르고 미처 개발되지 못한 개인과 집단의 힘을 알아보고 끌어내는 능력입니다. "**대중은 가장 유능한 정치 활동가**"라는 표현이 있는데 맞는 말입니다. 그러나 대중은 스스로 유능한 정치를 할 수 있다는 생각을 해본 적이 별로 없으며 자신은 능력이 없다고 생각합니다. 대중의 그러한 생각은 넌더리나는 보수정치만 봐왔고 새로운 민중 정치인이 어떤 사람인가에 대해 피부로 경험한 적이 없기 때문에 어찌 보면 당연합니다.

한국 보수정치의 본질이 표리부동한 '**홍보사업**'과 '**선거사업**'이라면, 진보정치의 본질은 '**사람과의 사업**'입니다. 즉 새로운 인간관계, 사회관계를 만드는 사업입니다. 사람들의 의식변화와 조직화 등 인간관계를 변화시키는 능력은 진보의 창조능력 중의 가장 중요한 부분입니다. 진보의 사람과의 사업이란 사람들을 진심으로 대하고 마음을 통해 정치사업을 하는 것입니다. 궁극적으로는 새로운 사회와 인생에 대한 꿈을 공유하는 관계로 발전하는 것입니다.

진보는 처음부터 민중, 국민대중의 꿈을 실현하는 것을 목표로 합니다. 이러한 진보정치를 고시를 패스한 엘리트보다, 평범한 대중 속에서 나온 집단주의가 몸에 밴 근로대중이 더 잘하는 것은 당연합니다. 새로운 진보정치는 본질적으로 거들먹거리지 않는 겸손함이 있으며, 거짓을 말할 필요가 없어 진실성이 있고, 가진 것이 별로 없어 원래 소박한 근로대중이 더 잘합니다.

진보정치는 소수 혁명가나 선각자의 사업이 아니라, 원래 광범위한 대중 자신의 사업입니다. 선각적 진보활동가나 간부의 가장 중요한 역할은 정치혁명을 대신하는 것이 아니라 대중자신이 정치사업을 스스로 할 수 있도록 지원하고 돕는 것입니다. 그것을 저는 활동가 중심 대중운동이 아니라, '대중주체 진보운동', '군중주체 대중운동'이라고 합니다. 사람과의 사업에 가장 자질이 있고 유능한 사람들은 근로대중 자신입니다. 노동자, 근로대중은 자주적으로 인간답게 살려는 요구가 가장 강한 계급이기 때문입니다. 민중은 자주적 사상을 만나고 조직 활동과 대중운동을 통해 인생과 집단의 의미를 깨달으며 더 정치적으로 유능해집니다.

진보의 선각자들이나 간부가 쉽게 범하는 오류는 엘리트주의입니다. **진보 엘리트주의**는 사람과의 사업을 망치는 큰 장애의 하나입니다. 선각자들은 대체로 선전, 선동, 진보지식이나 전문성이 뛰어납니다. 문제는 선각자들의 전문능력이 아니라 지나친 선각자, 전위의식입니다. 대중을 스승과 주체로 보지 못하고 자신을 매우 뛰어난 간부나 지도자로 착각하는 자세가 종종 큰 문제로 됩니다. 대중은 그런 사람에게 마음을 잘 열지 않습니다. 간부는 많은 진보적 지식을 쌓기 위해 부단히 학습하고 노력해야 합니다. **그러나 더 중요한 것은 대중을 진심으로 대하며 대중을 진짜 정치의 주인으로 보는 대중관을 가지는 것입니다.**

진보간부는 진보지식과 정책에 해박해야 하지만, 간부는 결코 아는 것이 많은 사람이 아니며 먼저 깨달은 순서가 그리 중요한 것도 아닙니다. 간부의 정책능력은 매우 중요하지만, 진보지식이나 말을 보고 간부나 사람을 평가하면 실패를 면할 수 없습니다. 시간을 두고 사람의 인간관계에서 출발하여 사업품성과 실천을 통해 평가하는 것이 정확합니다. 사업에 헌신적이며 규율과 덕이 동시에 있는 사람이 간부입니다. 스스로 소속집단의 과제를 제기하며 자기 힘으로 난관을 개척하려는 능력과 의지가 강한 사람이 바로 간부입니다.

진보간부는 앞장서 **솔선수범하는 대중의 봉사자**입니다. 진보간부의 역할은 민중을 정당, 단체, 지자체, 미래 진보국가, 통일국가 등 사업의 열정적인 주인주체로 안내하는 것입니다. 뛰어난 간부는 **홀로 빛나는 사람**이 아니라, 그 주변사람들의 능력을 발굴하고 알아보고 재목으로, 진보운동의 주체로 변화시키며 **함께 빛나는 사람입니다.**

내 안의 원숭이를 보라

송경동

스물 초입에 세상을 배울 때 꿈 하나는
나이 먹어서도 원숭이는 되지 말자였다
잠깐 민주주의자였다가
잠깐 정의의 편 참된 역사의 편이였다가
왕년의 시시껄렁한 무용담이나 늘어놓고
얕은 재주나 파는 이는 되지 말자
수많은 사람들의 헌신과 희생을
내 것인 양 사유화하고
헐값에 팔아넘기는 사람은 되지 말자였다

그러나 어느 틈에
내 안에도 들어와 사는 큰 원숭이 한마리를 본다
작은 재주에 으쓱하고 쉬지 않고 재롱을 부리며
광대처럼 무대에서 박수만 받고 싶어 하는 원숭이
사회를 검색하는 일보다 자신을 검색하는 일이 더 많고
숨겨진 진실을 캐는 일보다
눈곱만 한 자산을 계량하는 일이
더 많아진 원숭이
자신이 어떤 좁디좁은 철망 속에
다시 갇혔는지도 모른 채
몸집만 커다래진

재일동포 박정문 화백, 1980년 작품 〈광주〉

15 인간관계의 핵, 자주성 존중

사람이 가장 싫어하는 것은 무엇일까요? 사람은 무시당하는 것을 제일 싫어합니다. 무시*는 사람을 없는 사람 취급하는 것입니다. 무시를 넘어선 것이 업신여기는 멸시입니다. 사람이 무시와 멸시를 가장 싫어하는 이유는 이것이 사람의 본성에 크게 어긋나기 때문입니다. 사람의 첫 번째 본성은 자주성입니다. 자주성**은 다름 아닌 사람이 노예나 비천한 존재가 아니라 각기 이 세상의 독자적 주인으로 인정받고 자유롭게 살아가려는 사람의 근본적 속성입니다.

인류역사상 모든 혁명과 투쟁은 사람을 무시하고 업신여기는 데서 시작되었습니다. 무시하고 업신여기는 것은 경제적 착취와 정치적 억압으로 나타납니다. 고대 로마의 스파르타쿠스(Spartacus)의 노예해방투쟁, 프랑스혁명, 러시아혁명, 만적의 노비해방투쟁, 갑오농민

---

*   무시(無視)는 사람을 업신여기거나, 주의 깊게 관심을 가지지 않는 행위, 또는 사물의 값어치나 가치를 알아주지 않는 것을 말한다.
** 자주성은 온갖 구속과 예속에서 벗어나 세계와 자기 운명의 주인으로서 자유롭게 살려는 사회적 인간의 성질을 표현하는 개념이다. 사람의 독자성과 자유성을 기본적으로 인정한다.

전쟁, 3.1운동, 항일독립무장투쟁 등 모두 그 근원은 인간에 대한 집단적 무시와 멸시입니다. 세부적으로 보면 한 인간은 나약하고 종속적 존재 같지만, 인류역사를 크게 놓고 보면, 인간역사는 자주성을 투쟁으로 확대하고 단계적으로 구현한 역사였습니다. 그래서 인간의 역사를 다른 말로 '자주성을 위한 투쟁의 역사'라고 합니다.

순종성, 노예성이 인간의 본성이 아니라, 자주성이 인간의 본성이라면, 모든 인간관계의 기본이 자주성 존중에서 출발한다는 것을 의미합니다. 사람은 정치적, 경제적, 문화적인 다양한 인간관계를 맺는데, 이 자주성 존중원칙은 정치적 관계, 경제적 관계, 인간적 또는 문화적 관계 등 제한적 인간관계를 떠난 모든 인간관계를 아우르는 가장 핵심적 원리로 됩니다. 즉 가족관계, 친구관계, 선후배 관계, 직장관계, 정당 사회단체 관계, 나라와의 관계, 모두 마찬가지입니다.

가족관계(부모형제관계)나 선후배 관계 등 자연적으로 형성된 상하관계도 있으나, 그 인간관계도 자주성의 원리를 무시하면 종국에는 충돌과 불화관계를 피할 수 없게 됩니다. 부모도 자식이 아동 소년기를 넘어서면 자식의 자주성을 존중해 주어야 합니다. 그중에서도 진보를 지향하는 정당, 사회단체에서의 인간관계는 자주적 인간관계가 더욱 중요한 것으로 되는 것은 말할 것도 없습니다.

그러면 자주성을 존중하는 인간관계와 사업방식은 무엇인가요? 사람이 독자적 판단을 하고 세상의 주인으로 자유롭게 살아가려는 관점과 입장을 존중하는 것입니다. 옳고 그른 것은 두 번째입니다. 만약, 어떤 유물론자가 신이 없다고 하여 종교와 종교인을 무시하고 멸시한다면 그것은 사상과 인간에 대한 무시입니다. 진리보다 중요한 원칙이 자주성존중입니다. 세상에 사상과 생각이 정확히 똑같은 사람은 하나도 없습니다. 이론은 하나의 큰 원리이며 방향입니다. 같은 진보정당에서도 구체적 사안에 대해 관점과 입장이 처음부터 같다면 토론과 설득과정은 불필요할 것입니다.

진보정당, 사회단체에서 사람을 존중한다는 것은 당원, 회원, 대중들의 사상과 견해를 존중하는 것입니다. 노동자사상과 자본가사상처럼 처음부터 이해관계를 달리하는 적대계급 간 사상은 사실 토론을 아무리 해도 차이가 좁혀지지 않습니다. 이는 사실 토론의 대상이라기보다는 극복의 대상입니다. 이와 다르게 근로대중 내부의 견해차이는 이해관계가 같은 집단내부의 토론으로 됩니다. 따라서 이 의견의 차이는 소수파라도 존중되고 토론과 설득을 통해 해소되어야 합니다.

그러나 현실적으로 주어진 시간 속에서 모든 사람을 만족시키는 민주적 합의는 도출하기 쉽지 않으며 만장일치는 거의 불가능하기도 합니다. 결국 소수파가 반대하면 아무것도 할 수 없는 민주주의가 됩니다. 한 사람이나 집단의 독재도 문제이기만 절대적 소수의견 존중도 문제로 됩니다. 그래서 만든 원칙이 **'다수결 원칙'**입니다. 그러나 다수결 원칙도 형식적으로 활용하면 민주주의가 아니라 마찬가지로 다수파의 횡포로 변질되는 한계가 있습니다. 흔히 이것을 패권주의, 세도주의라 합니다.

그래서 다수결의 원칙과 소수파 존중의 원칙을 보완한 것이 진보운동의 역사에서 합의한 원칙이 바로 '**민주주의 집중제**'(=민주주의 중앙집중제)*원칙입니다. 민주집중제 원칙은 서로 이질적인 '**민주주의 원리**'와 '**전체결정(=중앙결정)의 원리**'를 결합한 의사 결정방식입니다. 즉 충분한 민주적 토론 절차 없는 전체결정은 없다는 원리이며, 동시에 소수파는 민주주의적 토론에 기초해서 다수결로 합의된 전체(중앙)의 결정에 따라야 한다는 원리입니다. 러시아 혁명과정에서 레닌이 실행한 이후 보편화되었지만, 이 원리는 이후 사회주의 정당과 국가의 원리 뿐만이 아니라 진보의 보편적 합의 원칙으로 발전합니다.

여기서 중요한 것은 소수파가 의견을 개진할 자유와 충분한 대중토론을 제대로 보장하는 것입니다. 동시에 다수파의 견해와 설득과정

---

* 민주집중제 원칙
  1. 당의 최고지도기관은 상향선거로 구성원이 정해진다.
  2. 당의 하부 기관은 상부 기관에게 상황을 정기적으로 보고해야 한다.
  3. 다수결을 원칙으로 한다.
  4. 하부 기관은 상부 기관에 복종한다.
  5. 모든 인민은 선거·투표에 참여할 책임이 있다.
  6. 지방 사무는 인민의 자치체가 자발적으로 관리할 의무가 있다.
  7. 모든 지방의 인민 자치체는 중앙 기관을 비판하고 정책 수정을 요구할 권리가 있다.
  8. 모든 지방 및 중앙 위원회 구성원들은 직접선거로 선출된다.

을 전 구성원이 토론을 통해 이해하고 합의하는 것입니다. 이 민주주의 원칙은 의견 존중의 원칙과 함께 모든 구성원이 그 사업과 토론의 주인이 되는 자주성의 구현 정신도 녹아있습니다. 만약 이것이 생략된다면 다수결은 필연적으로 결국 다수파의 힘의 논리로 됩니다. 진보정치가 설득과 토론을 뒤로하고 힘의 논리로 되는 순간 다수결 원리는 어렵지 않게 관철되겠지만, 민주주의 원리는 속 빈 강정이 되고, 자주성의 원리도 깨지게 됩니다. 합의는 어렵지 않으나 결국 어떤 합의와 결정도 힘이 모아지지 않게 됩니다. 진보정당에서 의사결정 과정 자체가 행정사업이 아니라, 정치사업이며 사람과의 사업임을 의미합니다.

진보정당과 단체의 운영원리에는 민주주의 원리, 중앙집중원리, 자유와 평등의 원리 등 다양한 원리가 있지만 가장 중요한 상위의 원리는 사람존중, **'자주성 존중'의 원리**입니다. 자주성의 원리에 기초할 때, 모든 사람을 배려하지 않을 수 없습니다. 동시에 전체의 의사를 무시하지 않으면서도 다수결의 한계를 극복하게 합니다. 더욱 중요한 것은 그 과정이 소모적인 과정이 아니라 구성원 모두 그 결정의 의미를 이해하고 그 사업의 주인이 되게 하는 생산적인 과정으로 전환된다는 것입니다. 진보의 토론과 합의 과정은 이처럼 과정도 중요하고 결과도 중요합니다. 자주성 존중의 원리는 다른 말로 진보가 행정처리, 결과 중심이 아니라, 사람중심의 덕치(德治)를 실현하는 기초이기도 합니다.

같은 무게*

이정훈

현대중공업이 만든 십만 톤 유조선하나
아이들이 만든 색종이 종이배 하나
배는 모두 같은 원리로 뜨고 가라앉는다

육사, 윤동주가 쓴 '광야'와 '서시' 하나
아이들의 해맑은 동시 하나
시는 모두 같은 문학이 되어 흐른다

어른들은 세상에 치여
아이들은 세상을 몰라
할 말이 많다

아이들이 동화책을 내려놓을 때면
스스로 만든 종이배 하나
일렁이는 물결에 시를 띄운다

---

* 필자가 국가보안법 사건으로 2008년 전주교도소 수감 중에 쓴 글입니다.

가라앉지 않으려는 힘과
가라앉히려는,
안간힘의 크기는

10그램이나
10만 톤이나
모두 같은 무게이다.

16 정치사업의 기본, 마음과의 사업

사회가 변하는 것은 외부 환경이나 경제법칙 때문만이 아닙니다. 사회변동은 사람들의 내적인 요구, 요인이 결정적입니다. 사람의 자주적 요구가 커지면 사람의 창조적 힘도 동시에 발전합니다. 사회를 변화시키는 정치 역시 마찬가지입니다. 정치적 힘은 대중의 자주적인 사상의식과 조직화가 진행되면서 점차 높은 수준으로 발전합니다.

진보의 정치사업이 정책사업이나 행정, 선거 사업만이 아니라, **'사람과의 사업'**이 기본이라는 점에 대해서 이야기했습니다. 사람이 사상적 존재이기 때문에 사람의 모든 활동은 사상의 영향 아래 움직입니다. 따라서 사람과의 사업은 본질상 사상사업입니다.

사람과의 사업을 다른 말로 **'마음*과의 사업'**이라고도 표현합니다. 여기서 사람사업이 '마음과의 사업'이라는 의미는 특히, 사람의 구체적 감정 정서와의 사업임을 강조하는 표현입니다. 사실 사람의 의식에

---

* 마음; 일정한 생활조건과 환경에서 매 개인에 의하여 구체적으로 체험되고 발현되는 의식현상(정신현상). 마음은 인간에 의한 의식(정신)의 현실적이며 구체적인 체험으로서 다양한 측면을 가지나 주로는 감정, 정서와 의지, 지향의 면이 강조된다.(『주체의 심리학 사전』)

서 가장 직접적으로 먼저 느껴지는 것은 감정입니다. 그것이 선입관이든 편견이든 진실이든 사람들은 어떤 사물이나 사람에 대한 감정을 모두 가지고 있습니다. 정치사업에서 사람들과의 감정과 정서가 논리와 이론 이상으로 사업성패에 중요하다는 의미입니다.

사람이 마음이 내켜야 움직이며 열성을 내는 것은 당연한 이치입니다. 사람과의 사업은 사업설명회나 논리적 집단교육만으로 해결되지 않습니다. 같은 노동자라도 사람들의 처지 조건과 심리상태, 성격과 기질, 사상의식의 상태는 모두 다릅니다. 또 당면과제에 대해 바라보는 관점과 열성도 모두 다릅니다. 따라서 사람들이 처한 구체적 상태와 긴급한 요구를 헤아리지 못하고 사업을 하게 되면 서로 겉돌게 됩니다. 그렇게 하면 사람들의 창조력과 열성을 끌어낼 수 없습니다.

마음과의 사업은 일과 사람을 동시에 보지만, 사람의 마음을 중심으로 사업한다는 관점입니다. 그러면 행정명령식 관료주의나 독촉과 요령주의는 줄어들고 설 자리가 없습니다. 분명 '마음과의 사업'은 이상적이고 선진적 사업방식입니다. 그러나 이것도 현실에서는 일이 바쁘다보면 알아도 무시하기 일쑤입니다. 사람의 마음을 헤아리는 것도 해결하는 것도 결코 쉽지는 않습니다. 몰라서 못하는 경우가 있고 알고도 못하는 경우도 있습니다. 마음과의 사업을 하려면 간부부터 인내와 마음수양이 필요합니다.

마음과의 사업에서 중요한 것은 진보간부의 진정성과 인간성입니다. 아무리 진보정책이 좋아도 사람들이 예의가 없고 양심과 인간미가 없으면 사람들은 진보정치는커녕 사람을 피합니다. 사람들은 주로 사람의 진실성을 보고 모이고 인간미에 반해 배우고 성장합니다. 따라서 진보정책과 선거보다 중요한 기본은 진보 운동하는 사람들의 품성과 인간성입니다.

인간성은 주로 도덕과 품성으로 표현됩니다. 바른 도덕과 품성*은 알고 보면 타인의 자주성 존중사상과 소속 집단에 대한 책임과 의무를 양심으로 지키는 것에서 나온 개념입니다. 품성은 오랜 기간 체질화되고 습관화된 성질로 쉽게 형성되거나 바뀌지 않습니다. 겸손한 품성의 사람은 언제나 겸손하게 행동하며 너그러운 품성을 소유한 사람은 언제나 모든 것을 너그럽게 대하게 됩니다. 누가 보든 말든 언제나 묵묵히 일하는 품성도 있고, 작은 성과도 크게 알려지고 인정받기를 바라는 품성도 있습니다. 언제나 창발적으로 자주적으로 일하는 품성도 있고, 언제나 타인의 힘에 기대는 의존적 품성도 있습니다. 알고도 쉽게 고쳐지지 않는 것이 품성입니다. 바른 품성이 없는 사람이 계산에 의해서 일시적으로 하게 되는 행동은 진실한 것이 아니며 겉치레 행위, 가식적인 행위로 시간이 지나면 드러나게 됩니다.

---

* 품성; 사람들에게 체질화된 공고한 정신적 특성. 사람은 일정한 사상정신을 가지게 되는데 그 사상정신 가운데는 그 사람에게 확고히 체득된 것도 있고 그렇지 못한 것도 있을 수 있다. 그 사람에게 확고히 체득되어 체질화된 것이 품성이다. 품성은 사람들에게 체질화, 내성화된 공고한 것이기 때문에 일정한 조건이 조성되면 습관적으로 발양된다.
(『주체의 심리학 사전』)

품성은 단순한 예절이 아닙니다. 도덕품성은 사람의 모든 행동에 배어 있으며 품성은 인품을 규정합니다. 품성에는 겸손성, 정직성, 관대성, 낙천성, 성실성, 용감성 같은 긍정적인 품성들도 있고 교만, 허위, 야박함, 비관, 난폭함, 의존성 같은 부정적인 품성들도 있습니다. 자신에게는 한없이 관대하고 타인의 작은 잘못에는 야박한 품성도 있습니다. 싸워야 할 상대에게는 원칙이 없이 너그럽고 동료, 동지들에게는 속 좁고 교만한 사람도 있습니다. 사람과의 사업에서 간부나 활동가의 부정적 품성은 반드시 부정적 결과를 낳습니다. 인품과 품성이 사람사업의 기본인 이유입니다.

도덕품성에는 인간성*, 겸손성, 관대성, 정직성, 소박성, 낙천성과 같이 **사람을 대하면서 드러나는 품성도** 있고, 결단성, 인내성, 책임성, 강의성, 대담성 등과 같이 일을 처리하며 **실천의지에서 주로 드러나는 품성도 있습니다.** 사람과 일을 대하는 관점과 태도는 모두 품성으로 드러나게 됩니다. 사람들은 긍정적 품성을 지닌 사람을 좋아하며 성실하고 책임 있는 사람을 신뢰합니다. 사람과의 사업은 사람을 신뢰하는 것으로부터 시작되기 때문입니다.

진보정치의 궁극적 목적은 민중, 근로대중에 대한 믿음과 사랑입니다. 외래 제국주의자와 지배층에 대한 증오와 분노도 사람들과 민중

---

* 인간성은 사람을 귀중히 여기고 적극 도와주는 품성이다. 인간성은 사람에 대한 자애로운 태도, 그에 대한 배려를 규제하는 품성이다. 사람을 혹사하고 천대하며 조폭하게 대하는 것은 인간성과 근본적으로 대립된다.

을 사랑하기에 생기는 감정입니다. 자신밖에 모르고 민중에 대한 사랑과 믿음이 없다면 증오도 분노도 생기지 않습니다. 사람을 사랑하지 않는 사람이 인간미와 인간성도 지닐 수 없음은 당연합니다. 인간미나 인간성이 교육으로 완성하기 어렵듯이, 좋은 품성이 말과 교육으로만 형성되지는 않습니다. 생활 속의 일상적 성찰과 집단적 수양 속에서 서서히 완성됩니다.

사람들은 변절자, 배신자들을 증오합니다. 인간 사랑이 민중내부의 아름다운 정서라면 지조와 의리는 투쟁하는 대상에 대한 태도에서 생기는 도덕 감정입니다. 일제강점기나 지금이나 배신자, 변절자의 변신은 세상이 크게 변해서 생기는 것이 아니라 모두 자신의 신념이 변질해서 생기는 것입니다. 대부분 상대와 투쟁의 대상을 크게 보고 자신과 민중의 지향과 힘을 믿지 않는 데서 시작됩니다. 지조와 의리는 동지와 민중의 사랑과 믿음에 대한 보답의 정서입니다.

진보정치는 고리타분한 품성이나 윤리도덕과 관계가 없다고 하는 사람도 있는데, 이는 진보정치의 기본을 모르고 하는 그릇된 이야기입니다. 톱니바퀴는 자신을 먼저 돌립니다. 자신이 돌지 않고 남을 돌릴 수는 없습니다. 수양은 절이나 수도원에 가서 하는 게 아니라 생활에서 단체 조직생활에서 일상적으로 하는 것입니다. 도덕과 믿음, 양심 그리고 그것으로부터 우러나는 바른 도덕품성 없는 진보는 모래 위에 쌓는 성과 같습니다.

우물

권정생

골목길에 우물이
혼자 있다

엄마가 퍼 간다
할매가 퍼 간다

순이가 퍼 간다
돌이가 퍼 간다

우물은 혼자서
물만 만든다

엄마도 모르게
할매도 모르게

순이도 모르게
돌이도 모르게

우물은 밤새도록
물만 만든다

17   사람은 어떻게 변하고 단련되는가?

"**사람이 변했다**"는 말을 종종 듣습니다. 사람은 좋게도 변하고 나쁘게도 변합니다. 세상에 변하지 않는 것은 없습니다. 사람도 의식하지 못하는 사이 계속 변합니다. 사람이 변했다는 말은 무엇일까요? 그것을 철학적으로 보면 사람의 생각과 관점, 즉 사상의식이 변했다는 말입니다. 사람은 잘 변하지 않는다는 말도 있습니다. 이 말도 틀린 말은 아닙니다. 사람의 타고난 기질과 성격은 상대적으로 잘 변하지 않기 때문입니다.

사람의 사상은 어려서부터 형성되며 인생경험을 통해 계속 변합니다. 대부분 초등학교에 들어가면서부터 아동기의 사회생활이 시작되므로, 이때부터 사회로부터 기성세대의 사상과 가치관을 서서히 배우기 시작합니다. 무엇을 해야 하고 무엇을 하지 말아야 하는지를 판별하며 도덕과 사회성을 배웁니다. 무엇을 하면 칭찬받고 무엇을 하면 벌을 받는지를, 즉 관점과 가치관을 배웁니다.

사람이 사춘기를 지날 때면, 큰 사상변화를 경험합니다. 사춘기의 본질도 몸보다 사상변화에 있습니다. 아이들이 청소년기가 되면, 기성세대가 준 사상(=주로 자본주의 생존경쟁 사상)과 가치관을 배우고, 자신의 현실경험을 비교하며 기성세대의 허위와 가식, 모순 등을 발견하기 시작합니다. 아이들도 나름대로 세상을 판단하고 자기생각과 비판의식을 갖기 시작합니다. 때문에 기존의 관습과 가치관, 어른들의 허위의식에 대해 고민하고 심하게 반발하기도 합니다. 그러면서 불충분하지만 자기사상(세계관, 인생관)의 씨앗을 이때 이미 형성하기 시작합니다.

사람은 청년기에 많은 인생 고민을 합니다. 학교, 군대, 첫 직장을 경험하며 인간의 본성과 맞지 않는 약육강식의 자본주의 정글규칙과 분단사회가 만든 흑백논리도 경험합니다. 학교에서 배운 교과서를 의심합니다. 정의와 공정과 거리가 먼 한국 사회에서도 자기 운명을 개척하기 위해 나름대로 부단히 애를 씁니다. 기성세대의 **"모난 돌이 정 맞는다."** 는 귀에 따가운 잔소리와 조언도 참고합니다. 성경도 보고 논어도 보고 부처님 말씀도 들어봅니다. 종교도 사람들의 사상변화에 큰 영향을 미칩니다.

한국사회의 사상풍토는 '분단체제'와 '국가보안법 체제'로 편파적이고 일방적인 자본주의 찬양, 돈 찬양, 서방 찬양, 개인주의 찬양 일변도입니다. 자유민주주의의 기초인 사상의 자유는 말로만 보장되고 노동계급사상은 금지되고, 반북사상 일색입니다. 제도교육, 주류언론, 대중출판물의 사상적 편향도 매우 심합니다. 그 속에 사는 한국 사람들은 자신이 마시는 공기가 심히 오염되었다는 것조차 잘 느끼지 못할 정도입니다.

사람을 사랑하던 밝고 긍정적인 사람도 군 제대 후 의기소침하고 사람을 불신하는 사람으로 변하기도 하고, 순진하던 사람이 직위와 돈맛을 경험하며 사람을 부리고 지배하는 경향으로 서서히 변하기도 합니다. 어떤 사람은 젊은 나이에도 아예 사람을 기피해 홀로 사는 것을 선호하기도 합니다. 그러다 인생 허무주의, 금전만능주의, 출세주의, 향락주의, 가족만 생각하는 가족주의를 자기사상으로 선택하기도 합니다. 이런 성장과 청춘의 경험을 통해 대체로 청년기에 한 사람의 사상이 형성됩니다.

사람들의 사상은 청년기에 기본이 형성되어 일생을 통해 자기도 모르는 사이 계속 변합니다. 사람의 사상은 진보적으로도 퇴행적으로도 변합니다. 양심과 소신에 따라 한 방향으로 계속 가는 사람도 있습니다. 북극을 가리키는 나침반의 바늘처럼 미세하게 흔들리며 자기헌신 속에서 계속 한 방향을 위해 지향하는 사람들입니다. 이것을 신념이라 합니다. 물론 개인영달과 출세를 위해서 한 방향으로 가는 사람도 있습니다. 이것을 일신사욕이라 합니다.

한국사회도 사회운동이 활성화되면서, 학생회, 노동조합, 농민회, 시민단체, 통일운동단체, 민주적 주민조직, 진보정당, 진보언론매체 등이 확대되었습니다. 이러한 사회단체 경험이 인생과 진보적 사상변화의 큰 계기가 되기도 합니다. 또 해방, 4.19혁명, 5.16쿠데타, 12.12쿠데타, 5.18민중항쟁, 6월 민중항쟁, 1987 노동자 대투쟁, 세월호사건, 광화문 촛불항쟁과 같이 직접 경험한 역사적 사건이 사람들의 사상변화의 계기가 되기도 합니다.

진보적 매체나 사회단체가 사람들의 인생에 미치는 역할도 막중합니다. 특히 한국사회의 비민주적이고 비상식적인 정치, 사상풍토에서 진보사상탄압을 극복하며, 시민, 노동자 근로대중의 자유를 위해 투쟁하고 진보사상을 보급, 확대하는 일은 역사발전에 큰 역할을 합니다.

사람의 사상은 주로 세 가지 계기를 통해 형성되고 발전합니다. 지식은 확대가 상대적으로 쉽지만, 사상의 발전은 학습만으로 되지는 않습니다. 이것은 마치 '**사람의 그릇**'의 크기가 쉽게 커지지 않는 것과 유사합니다. 진보지식이 아무리 많아도 신념과 의지를 가진 사람이 되는 것은 다른 문제이기 때문입니다. 사상은 세상에 대한 지식뿐 아니라 성찰, 변화를 위한 실천적 각오와 결심을 동반한 의식입니다.

그럼에도 불구하고 **사상변화의 첫 계기는 학습입니다. 세상은 아는 만큼 보입니다. 알아야 당하지 않고 알아야 분노하고 투쟁할 줄 알게 됩니다. 세상을 알아야 새로운 인생 각오와 결심도 생기기 때문입니다.** 이는 옷가게에서 나의 몸에 맞는 옷을 새로 찾는 과정과 같습니다. 진보사상형성의 기본은 독서, 강좌, 사색, 토론을 통한 새로운 진보적 관점과 견해를 배우는 학습과 교양사업을 통해서입니다. 단순히 국민, 시민이 아니라 우리가 어떤 계급, 민족인가에 대한 자각, 즉 계급의식과 민족의식이 있어야 합니다. 우리는 현재 어떤 역사 속에서 사는지, 자기 주소와 위치를 알아야 자기 인생과 우리의 인생을 스스로 개척할 수 있습니다.

자기 본성과 몸에 맞는 사상을 찾는 과정은 사색과 고민을 동반합니다. 공부를 통해 자본주의의 본질이 무엇인지, 미국과 현대 제국주의가 무엇인지, 사회주의는 도대체 무엇인지, 노동계급, 근로대중의 철학사상은 무엇인지, 선조들의 항일독립투쟁 역사는 무엇인지, 통일을 위해 북한사회와 주체사상은 무엇인지, 근로대중의 진보적 민주주의는 무엇인지 등을 알아야 합니다. 그래야 근로대중의 관점으로 세상이 어떻게 돌아가는 지가 새롭게 보입니다.

두 번째는 '조직활동'과 단체생활입니다. 물론 사람들은 회사, 직장 등 경제 조직에 소속되어 일합니다. 일하는 회사나 직장이 경쟁과 이윤만 추구하며 정신적으로 스트레스만 준다면 이러한 조직 속에서 사람은 바른 사상을 키울 수 없습니다. 오히려 회사 생활을 통해 생존경쟁을 배우면 건강한 지향과 성향도 변색되어 가기 쉽습니다. 여기서는 주로 직장의 노동조합, 농민회, 학생회, 통일운동단체, 다양한 연구단체, 진보매체, 시민단체, 진보정당, 온 오프 자발적 시민모임 등 자주적이며 자발적인 조직 활동을 예로 들어 얘기합니다. 만약 조직이나 단체가 사람에 대한 진실성이 없다면 시민단체나 진보단체도 자본주의 회사조직이나 크게 다를 바 없게 됩니다. 사람은 원래 집단 속에서 자신을 반추하며 살아가는 존재입니다. 사람은 건강한 조직 집단 속에서 살아야 더불어 발전합니다.

사람은 혼자서는 자신을 알 수 없습니다. 사람이 스스로 자신을 평가하는 것은 매우 어렵습니다. 자본주의 사회에서는 아주 친한 사이가 아니면 대체로 솔직한 사람평가도 하지 않습니다. "남의 눈의 티끌은 보면서 자기 눈의 들보를 보지 못한다."는 말이 있는데 진보단체도 예외가 없다고 봅니다. **조직 단체 활동은 거울과 같습니다.** 함께 있을 때 다양한 상담과 비판, 조언을 통해 자신을 비로소 정확히 봅니다. 사람은 집단 속에서 성찰하고 성장합니다.

마지막 계기는 '실천 활동'과 경험입니다. 민중은 책이나 선전물로 세상을 깨닫는 것보다 현실경험을 통해 많은 것을 자각하게 됩니다. 그것이 대중운동(대중투쟁)이 중요한 이유이기도 합니다. 대중의 절박한 생활적 요구를 집단적 단결로 실현하는 것이 대중운동입니다. 대중은 대중운동을 통해서 세상을 정확히 보고 집단과 자신의 정치적 능력도 발견합니다. **대중운동은 민중의 정치학교입니다.** 민중은 정치인들의 일처리와 진정성을 보면서 정치인과 정치집단을 정확히 판단합니다. 만약 진보가 대중이 어렵고 고통스러워하는 문제를 대중과 함께하는 풀어가는 대중운동에 미숙하다면 대중은 왜 진보정치가 더 낫다고 하는 것인지 도무지 알 수 없습니다.

민중은 대중운동과 신선한 정치경험을 통해 진보정치에 대한 인식도 바뀌고 참여도 적극적으로 하게 됩니다. 사회대중단체의 정치성은 지극히 자연스러운 것입니다. 이러한 대중의 참여활동은 필연적으로 진보정치와 만나게 됩니다. 신성한 정치를 정치꾼에게 대신 맡기는 행위는 고양이에게 생선을 맡기는 어리석은 행위라는 것도 경험을 통해 자각하게 됩니다. **대중이 정치에 참여하는 방식도 대중의 요구**

를 대중 스스로 풀어가는 방식으로 다양화 되어야 합니다. 근로대중이 직접 자기정치를 해야 진짜정치의 의미도 절감합니다. 그래야 세상도 제대로 바뀝니다.

파도 – 여의도 농민시위를 보며

신경림

얼마나 어리석은 일인가
저 바다가 언제까지나
잠들어 있으리라 생각했으니.
얼마나 황홀한 일인가
저 파도 일제히 일어나
아우성치고 덤벼드는 것 보면,
얼마나 신바람 나는 일인가
그 성난 물결 단번에
이 세상 온갖 더러운 것
씻어내리라 생각하면.

18   창조적 능력은 사상으로 발동된다

동학의 교리처럼 '**사람이 곧 하늘(人乃天, 以民爲天)**'입니다. 세상의 주인은 사람이며 세상은 근로대중의 힘, 민중의 힘으로 개조됩니다. 사람의 모든 창조적 힘은 육체와 정신적 능력에서 나옵니다. 사람의 정신적 능력은 지식, 사상으로 담보됩니다. 사람의 창조적 능력은 무한하며 그 원천은 다름 아닌 '지식'의 힘과 '사상(의지)'의 힘입니다.

세상을 개조하는 창조력의 원천은 사실 지식입니다. 그런데 사상의식은 인간창조력의 원천인 지식의 방향과 내용을 결정할 뿐 아니라, 인간 창조력의 강도와 수준, 노력과 열정 등 활동 전반을 규제합니다. 사상의식이 지식을 규제하는 관계에 있습니다. 쉽게 말해, 모든 행동은 심리적 충동에서부터 시작되는데 무엇을 하고자 하는 충동과 욕망을 발동하는 것이 바로 사상의식이기 때문입니다.

이북영화〈한 여학생의 일기〉(2007년)는 북에서 선풍적 인기를 끌었던 작품입니다. 이 이야기가 북에서도 800만 이상의 사람들이 보았다고 하니 자기 주변의 이야기처럼 그만큼 사회적 공감대가 큰 영화임을 알 수 있습니다. 주인공 '수련'은 18살의 평범하고 발랄한 여자 고등학생입니다. 집안일은 제쳐두고 오로지 당과 조국을 위해 과학 연구에만 몰두하는 야속하기만 한 과학자인 아버지와의 갈등과 그 가정의 이야기를 다루고 있습니다.

결국은 수련도 부모를 이해하며 부모처럼 과학자의 삶을 살아가기로 결심한다는 줄거리입니다. 영화는 북의 과학자들이 어떤 정신력과 사상으로 일하는지를 단면적으로 보여줍니다. 과연 자기가정의 희생을 각오하면서까지 그들을 헌신적으로 움직인 동력은 무엇이었을까요? 북의 과학기술 잠재력이 '**과학에는 조국이 없지만 과학자는 조국이 있다**'는 사상에서 나왔음을 짐작하게 합니다.

스웨덴 화학자 노벨(Alfred Nobel)이 발명한 다이너마이트는 광산, 건설 산업에 쓰이면 유용한 재료지만, 전쟁에 쓰이면 대량살상의 무기가 됩니다. 핵에너지와 핵폭탄으로 쓰이는 아인슈타인(Albert Einstein)의 상대성이론과 핵이론은 물론, 4차 산업혁명을 주도하는 현대의 인공지능, 유전공학, 데이터공학, 양자컴퓨터(양자역학) 등 모두 마찬가지입니다. 어떤 지식을 어디에 어떻게 사용하는가를 결정하는 것은 사상입니다. 사상이 지식의 나침반이자 견인차입니다.

사람이 활동목적을 세우고, 필요한 지식을 선택하고, 목표한 계획을 실행까지 결행하는 의지는 모두 사람의 사상의식으로부터 나옵니다. 그것이 '**사상결정론**'입니다. 따라서 인간의 창조적 능력이 발휘되는 매 계기에 어떻게 사상의식이 작용하는가를 연구하는 것은 매우 중요한 철학, 심리학, 뇌과학, 윤리학 등 인문학의 핵심 과제입니다.

그런데 정치야말로 창조력이 가장 필요하며, 인간에 대한 이해와 사상론이 가장 필요한 분야일 것입니다. 사상론(=사상결정론)을 진보 정치분야에 구현하면 '**사람과의 사업이론**'으로 발전합니다. **사람의 정치사업, 즉 의식개혁(의식화), 조직화, 사업집행에서 사상의식이 결정적 역할을 한다는 이론으로 됩니다.** 사상의식에 대한 이해와 연구는 인간 창조력을 주체화, 극대화하는 인간활동에 대한 과학적 연구입니다.

정치사업은 구체적인 것입니다. 구체적 당면 목표사업에 대한 사람들의 관점, 견해, 입장, 태도를 형성하고 추진하는 일입니다. 일에 대한 열정과 결심은 목표의 절박성, 자기 힘에 대한 믿음과 타산, 수단 방도의 타당성, 성공 가능성을 공감해야 생깁니다. 일에 대한 자신과 집단의 이해관계를 바로 자각해야, 사업의 손님이 아니라 열정을 가진 주인으로 나서게 됩니다.

사업에는 반드시 시련과 난관이 있습니다. 이것을 해결하는 힘과 의지도 결국 대중과 대중의 사상사업으로부터 나옵니다. 걸린 문제의 본질을 제시하는 것이 간부입니다. 그것을 모든 대중의 힘으로 물러나지 않고 완강하게 푸는 것도 간부입니다. 간부는 사상사업에 능한 사람입니다.

하나가 열, 열이 백, 백이 천과 함께 움직이는 원리는 단순히 숫자의 확대를 의미하지 않습니다. 당 지도부가 당 간부를, 당 간부가 당원을, 당원이 노동대중을, 노동대중이 진보대중을, 진보대중이 국민대중 전체를 사람과의 사업으로 움직이는 방식을 의미합니다. 정치사업과 대중투쟁이 끝나면 임금인상 십몇 프로보다, 상호신뢰가 커지고 사람들의 시야가 더 높아지고 커지는 것, 그것이 진정한 사업의 성과일 것입니다.

한 그리움이 다른 그리움에게

정희성

어느 날 당신과 내가
날과 씨로 만나서
하나의 꿈을 엮을 수만 있다면
우리들의 꿈이 만나
한 폭의 비단이 된다면
나는 기다리리, 추운 길목에서
오랜 침묵과 외로움 끝에
한 슬픔이 다른 슬픔에게 손을 주고
한 그리움이 다른 그리움의
그윽한 눈을 들여다볼 때
어느 겨울인들
우리들의 사랑을 춥게 하리
외롭고 긴 기다림 끝에
어느 날 당신과 내가 만나
하나의 꿈을 엮을 수만 있다면

재일동포 박정문 화백, 한반도 형상의 꽃 작품 〈통일의 미래〉

19   진보집권은 사람과의 사업, 사상사업에 있다

분단 70여 년 이상의 한국민중의 줄기찬 노력과 분투에도 한국은 수구정당(국민의힘)과 보수개혁정당인 민주당의 **'보수 양당체제'**가 지배적입니다. 진보정당은 언제나 비주류 소수파입니다. 진보정당이 집권하지 못하는 주요 원인은 무엇일까요? 외세인 미국의 간섭이 강력해서일까요? 분단체제 때문인가요? 정권의 탄압이 심해서인가요? 한국민중, 대중이 문제인가요? 원인은 주로 진보운동 주체에서 찾아야 합니다.

한국진보정당도 세대가 바뀌며 민주노동당 이래 최근 20년 이상 다양한 시도를 했습니다. 진보정당들의 정책도 사회민주주의, 사회주의, 반제민주주의(자주민주통일), 기본소득당 등 없는 노선이 없이 다 있습니다. 그런데도 어떤 진보정당도 대중의 강력한 지지를 받지 못하는 이유는 무엇일까요? 진보정당들이 단결하는 문제도 있지만, **더 근본적 문제는 어느 정당도 정당사업에서 대중을 주체로 세우지 못한 채 '정치사업' 부실, '사람과의 사업' 개념 부재 등 대중사업 원칙에 서툴기 때문이라고 봅니다.**

그렇다고 모든 지난 진보정당, 진보단체의 사업이 전부 문제이고 실패한 것은 아닙니다. 그 속에는 성공한 모범들도 상당히 많습니다. 성공한 모범사례에는 언제나 정치사업, 모범적 사상사업, 모범적 사람과의 사업이 녹아있습니다. 여기로부터 교훈을 찾아 실천한다면 반드시 통일과 진보집권의 새 시대가 열릴 것입니다.

한국진보가 미국과 보수를 이기고 집권하는 길은 정책 선전홍보 사업, 선거사업만으로는 불가능합니다. 일상적 대중운동, 대중사업을 사람사업으로 전환하는 것이 필수적입니다. 대중은 좋은 정책만으로 사람을 판단하지 않습니다. 대중은 사람의 진정성을 먼저 봅니다. **진보는 선거만으로 지역 일꾼과 지도자를 탄생시킬 수 없습니다.** 그것은 환상입니다. 대중이 요구하는 작은 것부터 찾아나서 그것을 대중의 힘으로 실현하는 대중운동과 대중적 공감이 필요합니다. 그런 군중사업형 일꾼과 간부를 많이 배출해야 승리합니다. 그것을 이끌고 만들어내는 사람이 진보의 일꾼이며 지도자입니다.

진보의 선거 전략은 선거 준비기간이 별도로 없이 일상적 대중운동, 주민운동으로 대신하는 선거입니다. **"대중사업 없이 선거 없고, 대중사업 없이 진보집권 없습니다."** 일상적 대중운동을 선거로 연결하는 것을 한국진보의 사업방식으로 정착시켜야 합니다. 진보정치에 대한 가장 강력한 비판은 비난이 아니라 대중운동, 대중사업의 모범일 것입니다.

<선거 단상>*

이번 선거에서 난생처음 진보당 후보에게 표를 주었다. 그리고 그가 전남의 여당인 민주당 후보를 꺾고 압도적 표차로 당선되었다. 우리 지역 도의원 당선자(박형대 전남도의원)얘기다. 그동안의 선거에서 나는 보이콧주의자인 적도 있었고, 정강과 공약이 보다 진보적이라고 판단되는 정당에 투표한 적도 있었다. 또한 흔히 그렇듯 현실적 당선 가능성에 매여 민주당을 찍거나, 이름이 주는 아우라만으로 녹색당을 선택한 예도 있었다. 하지만 진보당에는 애착보다는 경계심이 많은 쪽이었다. 민주노동당 이후 지금까지 진보당이 이어온 이념과 계보를 대강 알기 때문이다. 통합진보당과 이석기 의원에 대한 박근혜 정권의 탄압이 있을 때도 나는 사상의 자유 측면에서 그들을 방어했을 뿐, 그들의 이념과 행위를 옹호하지는 않았다.

그러나 이번 선거에서는, 진보당 후보에게 표를 던지는 것을 넘어, 심지어 선거운동(?)까지 하고 다녔다. 선거운동이라는 게 거창한 것이 아니라, 만나는 지인들에게 진보당 후보에 대한 칭찬을 입에 침이 마르도록 했다는 것이다. 물론 내가 만나는 사람이라는 게 은거에 가까운 요즘 생활에 비추면 극소수고, 그래서 별 영향력도 없겠긴 하겠지만 말이다. 누가 시킨 것도 아니고, 누군가의 부탁을 들어주어야 하는 절박함이 있었던 것도 아닌데, 무엇이 나를 그렇게 만들었을까.

* 페북에 좋은 글이 있어 제 이야기를 대신합니다. 2022년 5월 지방선거이후 페북 (백O화님) 글이 인상에 남아 그대로 옮깁니다.

잠깐 옆길로 새면, 귀촌 이후 가장 힘든 것 가운데 하나가 공공 행사 나들이다. 군 문화제나 면민의 날 행사 같은 데 가서 소속 마을 천막 아래 앉아 있다 보면, 수시로 찾아오는 불청객들 때문에 행사에 집중할 수가 없다. 현직 군수, 도의원, 군의원과 출마 희망자들이 연이어 들이닥치기 때문이다. 그늘에 앉아 술추렴을 하고 있던 어르신들은 어정쩡하게 일어나 그들에게 예를 표한다.

유감스럽게도 그들이 상전이며 어르신들이 비복 같은 모양새다. 그들을 호위하는 비서진까지 가세하면 조금 더 과장하여 그들의 모습은 흡사 점령군이다. 어르신들은 예전부터 관습화되어 별 불만을 제기하지 않는 것 같기도 하지만, 나는 그 모습이 너무나 성가셔서 자리를 피해버리기 일쑤였다. 아무리 좋게 보려 해도 그들의 목적이 민심 파악보다는 눈도장 찍기에 있다는 건 불문가지다. 이게 여타 정치 관련자들을 보면서 든 솔직한 내 느낌이다.

반면, 귀촌 후 지난 10년간 내가 접한 우리 지역 진보당 구성원들의 이미지는 이런 거였다. 그들은 일단, 마을에서 각자 자신의 생계와 노동에 성실하다. 그들은 손수 논농사를 지어 쌀을 생산하며, 각종 작물을 심어 가꾸고 판매한다. 그러므로 그들은 주민들이 느끼기에, 전업으로 나선 정치꾼들의 이미지가 아니며, 같은 주민의 일원이다. 이장을 맡기도 하고, 농민회에서 간부로 일하기도 하지만 그들에게서 권위주의의 냄새를 맡기는 어렵다. 그렇게 그들은 대부분 겸손하고 소박하다. 밝고 넉넉하여 드라마에서 정형화되어 있는 다정한 이웃 아저씨나 아줌마 그대로다.

숫기가 없어 실제로 제안해 보진 못했지만, 그들의 소탈함에 이끌려 허심탄회하게 막걸리라도 한잔 나눠봤으면 좋겠다는 충동을 느낀 적도 많다. 그들은 구체적인 의제로 접근하고, 책임감 있게 실천한다. 최근에는 마을과 장터를 돌아다니며 칼을 갈아주는 걸 봤다. 요즘처럼 칼 갈 곳을 찾기 쉽지 않은 세태에 그 일은 실질적으로 주민들에게 도움을 줬다. 또 군내버스 정류장에서 타고 내리는 어른들을 부축해 주고, 자리까지 안내해 주는 일도 했다. 요즘 농촌은 교통편이 좋지 않아 대부분 자가용을 이용하고, 버스를 이용하는 것은 고령의 노인들뿐인데, 그 소식을 접하고는 내가 다 고마울 지경이었다.

물론 이 행사들도 엄격하게는 정치적 이벤트일 것이다. 하지만 주민들 대다수가 생색내기용 이벤트만으로 느끼지는 않는다는 게 중요하다. 평소 주민 속에 녹아든 성실하고 겸손한 그들의 이미지 때문이다. 똑같은 행위를 해도 그게 눈도장 찍기인지 최소한의 진심이라도 들어 있는 것인지 사람들은 피부로 안다. 그것은 물론 하루아침에 만들어지는 것이 아니다. 이런 소소한 것뿐 아니라, 주민들을 모아놓고 '지역 양극화 해소'에 대한 리포트를 발표하는 등 의제 연구에도 게으르지 않다. 써놓고 보니 연애편지처럼 오글거리기도 하지만, 이게 솔직한 내 소감이다.

대중조직인 농민회와 당 조직으로서의 진보당을 혼용하는 것이 내 논리로는 비합리적으로 보일 때도 있지만, 어쨌든 결과적으로 그들은 브나로드(인민 속으로)에 어느 정도 성공한 것으로 보인다. 이번에 전국적으로 국회 제3당인 정의당이 진보당보다 훨씬 적은 의석을 얻었다. 그리고 진보당이 전원 지역구 당선임에 비해 정의당은 지역구 비중이 2/3에 불과하다고 한다. 정치에서 무엇이 중요한 지점인지 곱씹어봐야 할 일이다.

이제 그들의 말대로 선거'혁명'과 정치'혁명'에 성공했으므로 그들의 약진을 기대해 본다. 물론 나는 이제 그들의 '지지자'에서 '비판자'와 '감시자'로 돌아설 것이다. '성실'과 '겸손'은 영원한 것이 아니며, 언제든 권력과 함께 관료화될 수 있기 때문이다. 그들이 지금의 마음을 잊지 않고 정진하길 바란다.

이번 선거 결과, 장흥 군민들이 선출한 도지사와 군수는 물론, 군의원 전원이 민주당 소속이다. 민주당에 의해 일사불란하게 견제 없이 전개될 군정이 군민들 앞에 놓여있다. 암담한 일이다. 사실 지금까지의 이야기는 진보당에 하는 사탕발림이라기보다는 정의당, 녹색당, 노동당 등에 던져 주고 싶은 소리였다.

국토서시(國土序詩)

조태일

발바닥이 다 닳아 새 살이 돋도록 우리는
우리의 땅을 밟을 수밖에 없는 일이다.

숨결이 다 타올라 새 숨결이 열리도록 우리는
우리의 하늘 밑을 서성일 수밖에 없는 일이다.

야윈 팔다리일망정 한껏 휘저어
슬픔도 기쁨도 한껏 가슴으로 맞대며 우리는
우리의 가락 속을 거닐 수밖에 없는 일이다.

버려진 땅에 돋아난 풀잎 하나에서부터
조용히 발버둥치는 돌멩이 하나에까지
이름도 없이 빈 벌판 빈 하늘에 뿌려진
저 혼에까지 저 숨결에까지 닿도록

우리는 우리의 삶을 불 지필 일이다.
우리는 우리의 숨결을 보탤 일이다.

일렁이는 피와 다 닳아진 살결과
허연 뼈까지를 통째로 보탤 일이다.

20   다시 사상운동, 사상혁신이란 무엇인가?

사상사업 이야기의 마지막 단원입니다. 끝으로 사상론의 개념과 사람중심 사상론을 다시 정리하고 어려운 글을 마무리 하려 합니다. 이 글은 다음과 같은 근본적 질문에서 출발했습니다. 사상이란 무엇인가? 지식과 사상은 무엇이 다른가? 인간이란 무엇인가? 인간생활에서 사상의 역할은 무엇인가? 사람을 움직이는 근본 요인은 무엇인가? 사람의 열정과 의지는 어디에서 나오는 것인가? 사람과의 사업이란 무엇인가? 진보집권은 사상사업과 어떻게 연관되는가?

근대 맑스주의는 정신이 하늘나라에서 온 것이 아니라 정신이 물질세계의 산물이며, 물질의 반영이라는 '의식론'을 강조했습니다. 신, 영혼이나 내세가 없다는 것을 주장했습니다. 이것이 의식에 관한 반영론입니다. 맑스주의는 이데올로기 또는 사상을 노동자 계급의 이해관계를 반영하는 진리, 즉 진보적 '지식'으로 주로 이해했습니다. 이를 물질중심의 의식론, 또는 물질반영 중심의 사상론이라고 합니다.

맑스주의는 자본주의를 옹호 대변하는 부르주아 사상을 비판하며 철학(변증법적 유물론, 사적 유물론), 경제학(자본론), 과학적 사회주의 이론이라는 지식체계로 구성됩니다. 유명한 명제 '**존재가 의식을 규정한다**'는 말처럼, 노동계급은 진보적 견해와 사회주의 지식을 가질 수밖에 없으며 그렇게 되면 혁명의식을 갖게 된다고 보았습니다. 맑스는 의식문제를 다루며 주로 반영론의 입장에서 보았으며, 사상자체를 사람의 본성과 연관 속에서 깊이 있게 해명하지는 못했습니다. 주로 물질과 의식의 상호관계 속에서 해명했습니다. 이것이 일반적으로 알려진 맑스주의 의식론 또는 사상론입니다.

이후 의식과 사상에 관한 이론은 현대에서도 계속 발전합니다. 의식과 사상의 본질에 대한 다양한 철학, 심리학, 뇌과학 등의 논의가 진행됩니다. 그중 하나가 주체철학의 새로운 견해입니다. 사상을 물질일반의 반영이 아니라 세계의 주인인 '**사람의 요구**'의 반영으로 새롭게 해명한 것입니다. 사상의식을 객관세계의 반영인 지식이 아니라, 사람의 이해와 요구를 중심으로 새롭게 해명하기 시작한 '**사람중심의 사상론**'이 등장한 것입니다. 의식을 객관 물질의 반영이라는 맑스주의 해석 측면과 사람(자주성을 지닌 고급한 물질)의 요구 반영이라는 두 가지 반영 측면을 고찰하면서 새로운 차원에서 의식을 연구하였고, **의식의 본질이 사람의 요구를 반영하여 사람의 활동을 지휘하는 것**임을 새롭게 밝힙니다.

사람의 의식은 원래 처음부터 사람의 요구와 이해관계를 실현할 필요에 의해 발전했습니다. 따라서 의식의 기능과 목적은 사람의 생활상 요구와 이해관계를 반영하여 실현하는 것입니다. 따라서 사물이

뇌에 반영된 지식의 방향과 내용을 규정하는 것은 사람의 요구(생존 요구, 사회적 요구, 자주적 요구)입니다. 의식이 물질의 반영이라는 맑스의 반영론은 옳지만, 반영은 의식 기능의 부차적 측면이라는 것이 사람중심 의식론, 사상론의 핵심입니다.

그러면 의식의 본질*적 기능은 무엇이라는 것일까요? 의식의 본질이 외부의 반영인 지식이 아니라, 인간의 요구를 실현하는 '**모든 활동을 지휘하는**' 뇌수의 기능이라는 것입니다. 인간의 모든 자주적이며 창조적인 활동을 지휘한다는 말은, **사상의식이 '인간 자신을 지휘하는 기능'이라는 뜻입니다.** 이것이 맑스주의 의식론과 사람중심 사상론의 분기점입니다. 지식이 인간의 모든 활동을 조절통제하지는 않습니다. 그러나 사상의식은 인간의 모든 활동을 조절통제한다는 것입니다. 지식이 인생을 결정하지는 않습니다. 결정을 보조할 뿐입니다. 그러나 사상의식은 인생을 결정합니다. 의식의 핵심적 기능이 사상의식이고, 인간의 본성에 맞는 자주적 사상의식이 인간의 운명을 개척한다는 이야기입니다.

---

* 의식의 본질은 인간의 고유한 사회적 생명활동에 대한 뇌수의 지휘기능이라는데 있습니다. 의식이 객관세계를 반영하는 것은 인간의 생명활동을 지휘하는 의식기능의 한 면에 지나지 않습니다. 의식은 인간의 생활적요구와 그 실현에 영향을 미치는 객관적 대상에 대한 이해관계와 역량관계를 반영하여 인간의 요구가 이익에 맞게 제기되고 생활 능력이 효과적으로 쓰이도록 이끔으로써 인간의 생존과 발전에 복무하는 것을 사명으로 합니다. (『철학사전』 사회과학원 철학연구소)

사상의식은 자기요구에 대한 실행계획, 집행의지와 그것을 총괄 지휘하는 기능이라는 것입니다. 따라서 사상은 요구와 대상에 대한 자각, 의욕, 의지, 감정을 포괄하는 의식으로 됩니다. 이것은 사람중심으로 재해석되면서 밝혀진 새로운 사상개념입니다. 이것은 '의식의 기능'에 대한 맑스주의 고전적 관점과 견해에 대한 커다란 변화입니다.

사람의 본질에 대한 고유한 특성이 해명되면서 **'사람중심의 의식론'**으로 발전합니다. 만약 사람의 본질에 관한 발전된 해석이 없었다면 새로운 사상론도 출현하지 못했을 것입니다. 새로운 사상론은 인간이 자주적 요구, 즉 자주성을 가진 특별한 존재라는 점에서 의식의 기능을 해석하기 때문입니다. 인간이 지능이 높더라도, 자주적 창조적 사회적 존재가 아니라면 사람의 의식도 지식과 심리를 가진 존재 정도의 반영론을 넘어설 수는 없었을 것입니다. 인간만이 세계를 자신의 요구대로 개조하는 특별한 요구를 가진 세상의 유일한 주인입니다.

사람의 운명을 결정하는 것이 사상이고, 사람의 모든 활동을 규제하는 것이 사상의식이라면 사상을 접근하는 입장과 태도는 근본적으로 달라질 수밖에 없습니다. 이는 **사상을 교양지식의 차원이 아니라 인생과 사업의 성패를 판가름하는 '사상결정론'의 차원에서 다룬다는 것을** 의미합니다.

사상이 사람의 운명과 인생을 결정합니다. 이 말은 사람이 원래 본성적으로 자주적 지향을 가진 사회적 존재인데, 사람이 자주적 사상의식을 갖는가 아니면 노예적 굴종과 의존의식을 갖는가에 따라 그 인생행로와 운명이 달라진다는 의미입니다. 여기서 자주적 사상의식도 지식이 아니라, 사람이 사람답게 당당하게 주인으로 살려고 하는 자각과 의지를 의미합니다.

사람의 본성에 대한 해명이 현대에 들어와 비로소 철학적으로 완성되었다는 것도 신기하지만, 사상의식에 대한 발전된 견해도 현대에 와서야 비로소 해명되기 시작했다는 것도 놀라운 일입니다. 인간이 멀리 우주에 대해서도 아주 적은 지식밖에 가진 것이 없지만, 아주 가까운 자기 머릿속 의식과 사상의 기능에 대해서도 현대에 와서야 겨우 밝혀지고 있다는 이야기입니다. 다양한 철학, 심리학, 뇌과학, 윤리학 등 연구를 통해 사상의식과 인간심리에 대한 연구는 아직도 진행 중입니다.

인류역사로 보자면 21세기 인류는 과학기술혁명이자 동시에 사상혁명의 시대에 있습니다. 사람들은 고리타분한 사상과 이념의 시대는 갔다고 하는데, 이는 큰 착각입니다. "사상 이념의 시대는 갔다"는 주장은 미국과 유럽지식인들이 사회주의 붕괴 이후 근로대중의 사상이념을 무너뜨리고 싶은 욕구에서 유포한 그들의 이념이며 사상입니다.

현대 부르주아 철학과 사상은 대중이 들어도 도무지 무슨 말인지 알 수 없는 자기들만 알아듣는 주관적 사변주의와 복고주의적 관념론에서 헤어나질 못하고 있습니다. 그 근본 이유는 거대 자본을 대변하는 부르주아 철학과 사상이 이제는 낡고 생명이 다해 더는 진실에 다가설 수 없기 때문입니다.

인류문명사로 보면 이제 겨우 인간이 무엇이며, 사상의식이 무엇이며, 그것이 사회와 역사발전에 미치는 기능과 역할이 무엇인지 알게 되었습니다. 긴 인류사로 보면 본격적인 '사상의 시대'는 이제 겨우 시작되고 있습니다. 21세기는 과학기술 혁명과 함께 본격적인 인류 사상혁명이 시작되는 단계에 와 있다고 봅니다. 자연법칙과 사회법칙이 모두에게 적용되듯이, 사상론의 원리는 자본주의와 사회주의 제도를 초월해 사람이 사는 현대와 미래 모든 인간사회에 적용될 것입니다.

광야

이육사

까마득한 날에
하늘이 처음 열리고
어디 닭 우는 소리 들렸으랴.

모든 산맥들이
바다를 연모해 휘달릴 때도
차마 이곳을 범하진 못하였으리라.

끊임없는 광음(光陰)을
부지런한 계절이 피어선 지고
큰 강물이 비로소 길을 열었다.

지금 눈 내리고
매화 향기 홀로 아득하니
내 여기 가난한 노래의 씨를 뿌려라

다시 천고(千古)의 뒤에
백마 타고 오는 초인이 있어
이 광야에서 목 놓아 부르게 하리라

<사람중심 사상사업의 개념>

사상을 다룬다는 의미는 지식전달을 넘어 '모든 인간활동을 규제하는' 사상의식을 다루는 포괄적 사업을 의미합니다. 또 사상사업은 정치에만 국한되지 않습니다, 사상론은 인간의 경제활동, 문화활동 등 인간생활 모든 인간 활동 영역에 적용되는 보편원리입니다. 다만, 사회에서 정치가 차지하는 중요한 역할 때문에 역사적으로 사상문제와 사상사업은 정치에서 먼저 발달하고 중심적 과제로 되었습니다. 새로운 사상의식 개념에 대한 이해를 돕기 위해, 좁은 의미와 넓은 의미의 사상사업과 연관된 용어와 개념을 간단히 설명합니다.

사상의 개념을 확대된 의미로 보면 지식을 넘어 사람의 요구와 이해관계를 반영하는 '의식'을 말합니다. 객관세계의 합법칙성이나 정보를 반영한 '지식'과 사람의 요구와 이해관계를 반영한 '사상의식'의 차이는 근본적으로 다르다는 것을 먼저 이해할 필요가 있습니다. 원래 지식에는 감정과 의욕이 포함되지 않습니다. 지식은 객관적입니다. 그러나 사람의 요구와 이해관계를 포함한 지식은 감정도 동반합니다. 맑스주의 같은 지식이 감정과 의욕을 발동하는 것은 사람자신의 요구와 이해관계를 반영하고 있기 때문입니다. 지식 중에서도 이러한 지식은 사상에 포함됩니다. 그러나 원래 사상의식은 지식뿐 아니라 감정과 의욕을 담고 있는, 즉 사람의 요구와 이해관계를 반영하는 지식, 감정, 의욕의 전일적인 의식체계를 의미합니다.

지식은 사람들이 실천활동을 옳게 벌려나가도록 하는데서 일정한 도움은 주지만 그들의 활동을 결정하지는 못합니다. 지식과 다르게 사상의 본질적 특징은 그것이 **'사람들의 모든 행동을 결정한다.'** 는데 있습니다. 그것이 **새로운 '사상론'** 입니다.

1) 좁은 의미 사상, 사상사업

흔히 알고 있는 사상사업에 대한 개념은 경제, 노동, 교육, 주택, 의료, 젠더, 복지, 통일, 환경, 제도, 종교, 도덕, 철학 등 사회 이슈나 문제에 대한 각 집단이나 개인의 관점과 견해를 교양하고 선전하는 사업을 말합니다. 진보적 관점과 견해, 또는 보수적 관점과 견해 등으로, 주로 각 계급적 이해관계를 반영한 지식 차원의 사상을 주로 말합니다. 맑스주의에서 말하는 **'사상이론(이데올로기)투쟁'**이 주로 여기에 해당합니다.

이때 사상사업의 방법은 대체로 (진보적) 지식전달을 위한 **'선전'**과 **'사상교양'**을 의미합니다. 근로대중을 위한 철학, 민주주의의식, 민족자주의식, 통일의식, 계급의식, 자본주의와 사회주의에 대한 교양 등 다양합니다. 사상교양은 본질적으로 사람들이 바른 세계관과 인간관, 인생관을 정립하기 위한 교양을 주로 의미합니다. 즉 세상(자연, 사회, 인간)의 이치를 깨달아 보다 인간답게 살기 위한 것입니다.

종국적으로는 인생을 자주적으로 살아가는데 필요한 자주적 사상의식을 교양하는 것을 의미합니다. 사상투쟁이라는 말도 있는데, 사상교양이 넣는 것(+) 이라면 사상투쟁은 빼는 것(-)을 의미합니다. 사상투쟁은 계급사회와 자본주의 사회가 유포한 그릇된 관점과 견해를 정리하고 논쟁을 통해 빼는 과정입니다.

2) 넓은 의미 사상, 사상사업

넓은 의미의 사상사업은 **'사상의식을 발동하여 사람을 움직이는 모든 사업'**을 의미합니다. 사람이 사상적 존재라는 철학에 기초한 일종의 **'철학적 인간사업 방법론'**입니다. 사람의 이성과 감정이 사상의식에 의해 지휘됨으로 사상사업은 이성적 사업이자 동시에 감성적 사업을 포괄합니다. 사상의식이 의식의 핵(정신의 핵)이고 사람의 모든 정신활동을 지휘하므로 여기서는 사상사업을 '교양'뿐만 아니라, **'정치사업'**, **'사람과의 사업'**이라는 말로 주로 사용합니다.

사람은 선진적 지식이나 교양만으로 움직이지 않습니다. 진보적 지식도 나의 요구와 맞지 않으면 단순한 지식으로만 남습니다. 사람은 자신의 요구와 이해관계를 반영하는 사상에 따라 움직입니다. 사상사업은 나의 요구와 집단의 요구를 일치시키는 과정입니다. 사람은 주인 주체가 될 때 일에 열성과 의지를 갖게 됩니다. 일의 목적과 수단 방법에 대한 집단적 참여와 자각과정이 필요한 이유입니다. 쉽게 말해 사상사업은 요구와 이해관계의 일치를 통해 희망과 열정, 의지를 만드는 종합공정입니다.

'사람과의 사업'과 비교하기 위해 **'행정실무사업'**, **'기술경제사업'**이라는 말을 쓰기도 합니다. 모든 일을 진행하는 데는 행정실무사업과 기술사업이 어디에나 필요합니다. 그러나 더 중요한 것은 사람과의 사업이라는 점입니다. 가령 임금인상 투쟁에서도 물가인상을 고려하며 몇 프로 인상을 요청할 것이며, 노동쟁의로 갈 경우 필요한 절차와 선전, 홍보, 교섭기술 등이 필요할 것입니다. 그러나 이러한 행정실무와 기술경제사업 준비보다 더 중요한 것은, 조합원의 상태를 정확히 파악하여 투쟁의 형태와 수위를 정하고, 하나의 마음으로 단합하고 강한 투쟁의지로 모아가는 사업일 것입니다.

사람을 움직이는 사상사업은 투쟁의 목적, 목표, 수단, 방법을 다 같이 교양하고 공유하는 이성적 과정이지만, 동시에 사람의 마음을 움직이는 감정적 사업이기도 합니다. 그래서 **'마음과의 사업'**이라는 말을 씁니다. 이론과 견해는 복잡하지만 사람의 입장과 태도는 '좋다', '싫다'라는 감정으로 비교적 단순히 표현됩니다. 일이 아무리 좋아도 함께 하는 사람들의 일이나 사람을 대하는 품성이 싫으면 하지 않게 됩니다. 마음과의 사업이란 단순한 표현 같아도 사상, 이성, 감정을 가진 총체적 인격체와 사업인 사람과의 사업을 본질을 쉽게 표현합니다.

3) 인생과 사상

더 넓은 의미의 사상사업은 사상사업이 교양이나 당면사업을 조직하기 위한 것일 뿐 아니라 궁극적으로 인식의 변화를 통해, 스스로 자기 운명을 개척자로 되도록 안내하는 사업입니다. 무기력하게 흩어져 살던 한 개인이 민족, 국가, 계급, 청년 등 집단 속의 의미 있는 존재로 거듭나는 과정을 뜻합니다. 새로운 '사회적 인생'을 알고 접하게 되는 계기가 되기도 합니다.

보통사람들도 주민운동, 학생운동, 농민운동, 노동운동, 시민운동, 언론운동 등을 통해 사회와 집단의 의미를 새로 자각한 사람들이 많습니다. 나라가 있어야 개인이 있고, 개인문제는 결국 집단의 문제임도 자각하고, 근로대중이 정권을 잡고 해방되어야 개인이 온갖 속박의 굴레에서 비로소 해방된다는 것도 자각합니다.

사람들이 더 중요하게 깨달은 것은 사회모순과 구조뿐 아니라, 한 번 사는 사람의 인생에서 보람 있게 사는 것이 무엇인지 자각한 것입니다. 사상이 진보지식의 차원을 넘어 의미 있게 사는 인생의 방향과 내용을 규정하며 인간의 열정, 가치와 품격도 결정한다는 것도 자각하게 됩니다. 따라서 사상운동, 사상사업은 인간을 변화시키며, 새로운 집단적, 사회적 생명으로 안내하는 사업입니다. 원래의 인간 본성에 맞게 인간답게 사는 운동을 함께 개척하는 일입니다.

글을 마치며

모든 사물은 앞면과 뒷면, 빛과 어둠의 양면이 있습니다. 보이는 것과 가려진 그림자를 같이 보아야 비로소 전체가 보입니다. 저의 사상 이야기는 사실 학교가 말하지 않는 가려진 그림자들의 이야기입니다. 보이는 앞면의 찬란한 이야기는 때로 우리를 현혹하기도합니다. 하지만 돌아서면 '나의 삶은 왜 이리 구질구질 한가' 하는 의심이 들기도 합니다. 제 글은 그 의심이 정확하다는 이야기를 하고 있습니다. 아니 그 의심은 정확할 뿐 아니라 역사적이며 철학적이라는 이야기를 하고 있는 것입니다.

한국에서 사상의 자유 '금지'는 아직도 현재진행형입니다. 근대 민주주의혁명의 가장 중요한 두 기둥은 '사상의 자유'와 모든 권력은 국민으로부터 나온다는 주권재민(主權在民)의 '공화제' 사상입니다. 사상의 자유가 없는 민주주의는 한 발로만 걸어가는 '쩔뚝발이 민주주의'이며 절반의 민주주의입니다. 누구는 한국 민주주의가 아시아의 모범이며 완성되었다고 하지만 저는 이제 겨우 절반 정도 왔다고 봅니다.

전근대적 국가보안법이 그대로 있고 나라의 국방, 정치적 자주성이 없는 한, 한국은 돈 좀 버는 신흥 졸부 자본주의 국가라고 봅니다. 온 국민이 70년 이상 불의에 저항하며 정의와 민주주의를 위해 줄기차게 싸워왔지만 아직도 한국 민주주의는 갈 길이 요원합니다.

글을 마치며 사상의 자유를 노래한 두 시인(이산하, 김수영)의 시로 마무리 하려합니다. 사상탄압은 정치뿐 아니라, 문학과 시도 예외는 없습니다. 그들 시와 문학이 전후 처음으로 북한(조선)과 김일성을 이야기 했지만, 그들이 말하려한 것은 '김일성주석' 자체가 아니라, 조선민주주의인민공화국과 김일성을 공개적으로 이야기 할 수 없는 깜깜한 현실과 그림자였습니다. 북한(조선)을 '정부'로 인정하지 않고 '반란단체'로 보고, 김일성 회고록 '세기와 더불어'를 여전히 금서로 취급하는 시대의 부자유에 대한 시적 저항이었습니다.

한국지식인들은 맑스, 레닌, 모택동, 호치민, 체게바라, 카스트로, 차베스 등의 혁명투쟁과 독립투쟁사는 제법 잘 알고 전문가라고 하면서 정작 김일성은 모른다고 합니다. 아니 모르는 것이 아니라 접근하는 것 자체를 머리보다 몸이 먼저 두려워합니다. 얼마 전 진보정당이 아니라 수구보수정당 국민의 힘 국회의원이 북의 방송 통신과 언론, 출판물을 개방해야 한다고 주장해 격세지감을 느낍니다.

국가의 의무는 정보를 감추고 겁을 주는 것이 아니라 바른 정보를 제공하는 것입니다. 정보에 대한 가치 판단은 국민이 사색과 토론을 통해 스스로 해야 합니다. 그것이 민주주의입니다.

항소이유서

이산하

장백산 줄기줄기 피어린 자욱
압록강 굽이굽이 피어린 자욱

……

28살 무렵 '한라산 필화사건'으로 구속되었을 때
적의 심장부에 두 번째 폭탄을 던지는 심정으로
항소이유서에 '김일성 장군의 노래' 가사를 썼다.
담당 변호사가 급히 교도소로 달려와 말을 더듬거리며
"다, 당신, 주, 죽으려고 환장했느냐.
지금 검찰과 법원까지 발칵 뒤집혀 황교안 공안검사가
이자는 손목을 잘라 평생 콩밥을 먹이겠다고 난리"라며
잔뜩 흥분해 소리쳤다.
그리고 여죄를 캐며 추가조사에 들어간다고 했다.
난 아무 말 없이 창문 밖의 하얀 자작나무만 쳐다보며
저 백척간두의 꼭대기로 망명하고 싶다고 생각했다.

얼마 전 김수영 시인의 미발표 유고시 발굴 기사가 나왔다.
표현의 자유를 개탄한 '김일성 만세'라는 작품이었는데
4.19혁명 뒤에 썼다가 발표되지 않고 50년 후 공개되었다.

유통기한이 지난 약처럼 공개되어도 안전할 때 공개되었다.
허용된 무기는 이미 무기가 아니다.
모두 김수영 신화만 덧칠할 뿐 썩은 사과라고 말하지 않았다.

아마 그때 129번째쯤 자작나무 잎을 세다가 멈춘 것 같은데
갑자기 상처 입은 새 한 마리가 날아와 가지에 앉더니
나에게 항소하듯 잠시 눈부시게 피어올랐다가
이내 담장 너머로 이송되었다.
담장 안에는 아직도 하얀 유골 같은 자작나무들이 자라고 있고
난 여전히 망명도 못한 채 혼자 불을 피우고 혼자 불을 끄며
저 지극한 난공불락의 자작나무 꼭대기만 쳐다보고 있다.

출처 〈악의 평범성〉

새로운 유배지

이산하

"4.3을 기억하는 일이 금기였고
이야기하는 것 자체가 불온시 되었던 시절
4.3의 고통을 작품에 새겨넣어
망각에서 우리를 일깨워준 분과 작품도 있었습니다.
이산하 시인의 장편 서사시 '한라산'……

TV의 '제주4.3' 70주년 추념식을 무심히 보는데
가수 이효리가 내 시를 낭송하는가 싶더니
추념사를 하는 문재인 대통령 입에서 내 이름까지 나왔다.
아득히 환청처럼 들리면서 현기증이 일어났다.
몸은 감옥 밖으로 나왔지만 '이산하 시인'이라는 이름은
극좌의 상징으로 30년 동안이나 세상에서 유배된 상태였다.
4.3의 진실을 폭로하다 외면당한 금기의 이름이었다.
'아 --- 이제야 유배에서 풀려났구나……'
혼자 이렇게 생각하는 순간 새로운 유배지가 어른거렸다.

출처 〈악의 평범성〉

김일성 만세

김수영

'김일성 만세'
한국의 언론자유의 출발은 이것을
인정하는 데 있는데

이것만 인정하면 되는데

이것을 인정하지 않는 것이 한국
언론의 자유라고 조지훈이란
시인이 우겨대니

나는 잠이 올 수 밖에

'김일성 만세'
한국의 언론자유의 출발은 이것을

---

* 이 시는 김수영이 1960년 4.19 직후 쓰고 발표하지 못했다. 그의 사후 발굴된 유고시이다. 창작 후 반세기 가까이 지난 2008년 에야 공개되었다. 2015년 한국 대학가에서 이 시를 대자보로 붙이거나 아래와 같은 다양한 형태로 페러디(모방해 따라하기)하며 유행해 논란이 된 적이 있다.

인정하는 데 있는데

이것만 인정하면 되는데

이것을 인정하면 되는데

이것을 인정하지 않는 것이 한국
정치의 자유라고 장면이란
관리가 우겨대니

나는 잠이 깰 수 밖에

〈독재자의 딸〉

박근혜는 독재자의 딸
한국표현의 자유의 출발은 이것을
인정하는데 있는데
이것만 인정하면 되는데
이것을 인정하지 않는 것이 한국정치의
자유라고 경찰과 검찰이 우겨대니
나는 잠이 깰 수밖에

-고려대 패러디 대자보-